L'ENFANT VOLÉE

Marie-Claire ViDja
Olivier Goujon

L'enfant volée

Soumise à la violence de sa famille

Postface d'Anaïs Biehler, avocate au barreau de Lyon

Max Milo
TÉMOIGNAGE

www.maxmilo.com
ISBN : 9782315010363

À ma fille, à mes frères et sœurs de larmes et d'armes.

À Vikhram et Sadou.

Vos enfants ne sont pas vos enfants.
Ils sont les fils et les filles
De l'appel de la vie à elle-même.
Ils viennent à travers vous et non de vous.
Et bien qu'ils soient avec vous,
Ils ne vous appartiennent pas.

Khalil Gibran, « Vos enfants ».

Avertissement

Afin de préserver l'anonymat et de respecter la vie privée des personnes, les noms et les lieux ont été modifiés.

Remerciements de Marie-Claire

« Il faut être deux pour se souvenir », dit Virginie Efira à Benoît Magimel dans *Revoir Paris* ; merci, Olivier, je n'aurais pu rêver meilleur co-auteur.

Merci également à Marie-Servane, Jean-Charles, à ma fille, à l'équipe psy du CMP, aux Psys du Cœur, à SOS Amitié, à toutes les belles personnes de ma famille de cœur, aux auteurs, aux lecteurs et aux solidaires de la cause… Merci à Anaïs pour son soutien et sa confiance. Merci à tous de croire en nous, en moi, et merci pour votre soutien d'hier et de demain aux EVRP. Enfin, merci aux filles du Barlu.

Prologue

« Ferme ta gueule et creuse !

— Pour enterrer les livres ? »

Chaque fois qu'une descente « impromptue » de la police est prévue dans le quartier, il est averti par ses espions, et on doit cacher les vidéos et les journaux qu'il reçoit d'Afghanistan. Il m'ordonne de creuser un trou dans le jardin pour y déposer les sacs-poubelle contenant le matériel de propagande. Quand la police a terminé ses « visites », je creuse de nouveau pour récupérer le tout. Mais là, cela m'étonne un peu parce que je n'ai entendu personne évoquer une arrivée de la police. Et puis, en général, je creuse un puits ; cette fois, je dois creuser plus profond et plus large. Un rectangle. J'ai peur, et j'ai mal aux mains.

« Là, ça va ? »

Il me regarde en silence, me soulève par le cou et me projette dans le trou. Avant que je puisse me relever, il me rejoint et appuie son pied sur ma poitrine pour me maintenir au sol : « Les putes, on les égorge, mais toi, je vais t'enterrer vivante. »

Je m'appelle Marie-Claire. J'ai 48 ans et ça va, mais ma vie n'a pas toujours été simple.

1.
L'enfer de mes nuits

« Or, si un événement s'imprègne dans la mémoire intime
d'une personne, c'est qu'il a été mis en lumière
par les réactions émotionnelles de l'entourage
ou par l'importance que lui attribue la culture. »
Boris Cyrulnik, *Un merveilleux malheur*,
Éd. Odile Jacob, 1999.

Je cours. Un homme me rattrape. C'est mon oncle Noury. Il me fait tomber, m'écrase de tout son poids, me relève et me coince contre un mur sale. Je tente encore de m'échapper mais ses mains larges comme des palmes m'attrapent juste sous la gorge et me soulèvent. Je ne touche plus terre. Il serre. Je vais mourir. Au bord du trottoir, j'aperçois ma grand-mère Yemma. Derrière elle, la mer. Yemma ouvre la bouche et pousse un cri long et strident qui arrête le geste de mon oncle assassin. Noury me lâche. Je me dis qu'il va s'en prendre à ma grand-mère. Je m'en veux de l'abandonner mais j'ai trop peur. Je cours. Nuit de merde.

Mes réveils sont un calvaire. Des heures parfois, à sortir de la douleur d'une nuit qui me laisse enveloppée d'angoisse. Assouplir un bras, sentir de nouveau mes jambes, ébranler mon buste ankylosé… Et mes os craquent, et mes muscles refusent… Alors je reste allongée, les yeux au plafond, à rabibocher mon corps et mon esprit : je suis une femme célibataire, Française, et Algérienne par la force, j'ai une fille de 25 ans qui s'appelle Laure, un métier d'enseignante-chercheuse contractuelle et vacataire qui peine à combler le gouffre du loyer d'un deux-pièces dans un ancien quartier populaire de Paris et d'une vie le plus souvent chiche et inquiète.

Voilà, j'ai mis un pied hors du lit je tire le rideau, il fait gris. En ce moment, je donne des cours à l'École des ponts et chaussées : « Histoire des révolutions arabes au XIXe siècle ». On dit « aux Ponts ». Mais aujourd'hui je n'ai pas cours. En revanche j'ai rendez-vous à 10 heures chez le kiné et à midi chez le psy.

Mon téléphone vibre. C'est un message de Pearl, elle veut accepter le mariage, « bien obligée ». Je réponds immédiatement : « Réfléchis, là où tu es, ce sera très difficile de divorcer si tu te maries, tu auras des papiers mais ça ne te permettra pas de revenir en France. Où en es-tu de ta demande d'extrait d'acte de naissance ? » Pendant que je réponds, un autre message arrive, c'est Joseph : il n'a toujours pas récupéré son passeport et il s'est fait attraper en fouillant dans le secrétaire de son père. Il ne dit rien de plus mais je comprends pourquoi je n'avais plus de nouvelles depuis plusieurs semaines : son père l'a encore cogné.

Je fais des cauchemars presque toutes les nuits depuis que j'ai 11 ans. Avant, je ne sais pas. Depuis quelques mois, c'est souvent celui-là, que j'appelle mon re-kidnapping. Je travaille à y échapper mais ils n'ont diminué ni en fréquence ni en intensité. Douche, petit déjeuner, pendant longtemps des makrouts aux dattes et du lait, aujourd'hui du café au lait et biscuits Gerblé, des kiwis si je suis en fonds. Je mets encore une heure à me préparer.

Depuis huit ans maintenant, Laure est partie vivre en colocation avec deux copines. De temps en temps, elle repointe le bout de son nez à la maison, pour des séjours de quelques semaines, au gré de ses déplacements à l'étranger ou de ses changements de colocation. J'ai toujours un peu de mal quand elle part, mais je suis attentive à ne pas le montrer. Nous avons nos rituels mère-fille, et cela me plaît beaucoup. Laure est *Data Scientist* pour une grande entreprise française du secteur de l'énergie. Et *deejay*. Elle aime son métier qu'elle a appris au moyen d'une une formation d'ingénieur, un stage aux États-Unis et un échange universitaire au Mexique, mais ce qu'elle aime par-dessus tout c'est composer et scratcher en regardant les gens danser. J'assiste à ses représentations chaque fois que je peux, j'adore ça. Cela me plaît d'être au milieu de la jeunesse. Je suis une fêtarde.

Laure est ma meilleure raison de me lever le matin.

Ma mère biologique s'appelle Annie. Je l'appelle ma génitrice. Elle naît dans les années cinquante en Bourgogne. À 14 ans, elle rencontre un homme de 26 ans, mon père. Tout de suite, cela dégénère. Il a douze ans de plus, il est Algérien, athée et sans vraiment de métier, disons vaguement mécanicien, mais surtout c'est un rêveur un peu anar et sans autre but dans la vie que vivre et laisser vivre. À cette époque, Pépé et Mémé, les parents d'Annie, qui s'appellent Marcel et Julienne, sont chauffeur routier et sage-femme. Elle est catholique, il est alcoolique. Ils sont stricts avec leurs quatre enfants, c'est peu dire. Au vrai, les torgnoles volent sans qu'on réclame et sans faire de jaloux, même si ma mère en prend un peu plus que les autres, sans doute. Plus tard, il y en aura pour moi aussi. Ils vivent dans un petit village dont j'ai oublié le nom, proche d'une grande ville de Bourgogne. Pépé a fait la guerre d'Algérie. Il est souvent triste. Naturellement, quand ma génitrice leur dit qu'elle est enceinte, ils commencent par la dérouiller. Puis ils la mettent à la porte. Enfin, dans l'intervalle, il y a des disputes, des fugues, d'autres raclées, une plainte déposée contre mon père – ma mère n'a pas 15 ans quand elle rencontre papa et à peine 16 quand advient l'infamie ! – qui va en prison six mois, en 1975. Très probablement, il n'est pas là à ma naissance. Je n'en suis pas sûre. À la rue avec un nouveau-né et son rêveur athée, ma génitrice n'a pas grand choix, elle commence à travailler. Juste après ma naissance, elle trouve un petit travail d'employée de pharmacie puis un autre d'hôtesse dans un cinéma. Sans doute aussi me hait-elle déjà. À l'accouchement, elle a choisi de me faire naître sous X, puis s'est rétractée, je ne sais pas pourquoi, peut-être parce que cela ne se faisait pas. Je sais, en revanche, qu'elle m'a portée au village de ses parents et m'a déposée emmaillotée devant la porte de l'église. Peut-être imaginait-elle que c'est comme cela qu'on fait quand on ne veut pas d'enfant mais qu'on a été trop sotte pour y penser avant ? Peut-être croit-elle, comme n'importe quelle fille de ferme du cinéma de Bresson, que sa vie de femme est perdue avant d'avoir commencé ? Peut-être, mais j'en doute, a-t-elle lu Victor Hugo et s'imagine-t-elle en Fantine errante et miséreuse ? Oui, peut-être a-t-elle vu dans l'engrenage des événements l'accomplissement de quelque destin calamiteux ? Sans doute, l'époque et son éducation l'y disposant mal, n'a-t-elle simplement pas pensé si loin, tout à son instinct de répulsion contre le sort, la vie, les hommes, ses parents et moi.

Mais je suis là, au milieu du chaos de sa jeunesse.

Il faut vivre avec moi.

Le hasard et la pluie font que c'est Pépé lui-même qui m'a trouvée sous le porche de l'église où il courait s'abriter en sortant du café. Avec Mémé, ils décidèrent alors de rappeler leur fille et d'organiser une vie en commun dans la jolie bicoque qu'ils possèdent à l'entrée du village. La vie en commun dura deux jours avant qu'ils nous refoutent à la porte. Pour de bon, cette fois.

Hacène, mon père, est venu d'Annaba, une grande ville de la côte Est de l'Algérie. Un jour, Pépé m'expliquera qu'avant la guerre on l'appelait Bône et qu'elle était si jolie, avec ses plages et ses maisons blanches, qu'on la surnommait « la Coquette ». J'y repenserai souvent quand j'y serai. Hacène s'appelle en réalité Abdelkrim, mais il a changé son nom. Abd-el-Karim, c'est « le soumis au Généreux » en arabe. Le Généreux, c'est l'un des cent noms d'Allah. Hacène, c'est « le bien », plus laïque, cela lui allait sûrement mieux. J'ai une photo de lui à Jijel en 1962 et une autre à Paris en 1965, il arrive donc entre les deux mais je ne sais pas exactement quand. Je sais en revanche quand il y retourne, c'est juste quelques mois après ma naissance. Il vient de sortir de prison. Comme il a un peu d'économies, il nous installe, ma mère et moi, dans un petit appartement en Bourgogne, puis à Lyon. À la grande ville, nous serons plus heureux. Hacène est content que je fasse partie de sa vie. C'est un rêveur. Et comme c'est un rêveur un peu mécanicien, il ouvre un petit garage dans un local vide sous l'appartement. Il y laisse ses dernières réserves mais un avenir se dessine : les Dauphine et les quatre-chevaux envahissent les villes, il faudra bien les réparer. Il sera là pour ça.

Hacène est heureux que j'existe et il veut m'emmener voir sa famille en Algérie. Pas question, ma génitrice s'y oppose. Il partira seul annoncer son bonheur au bled. Pour le garage, pas de problème, il le confie à son copain Mouloud, ils ont émigré ensemble et se connaissent depuis l'enfance. Au bled, l'accueil est bon, sûrement. Il reste quelques semaines. Trop. À son retour à

1. L'enfer de mes nuits

Lyon, il découvre que son copain d'enfance et d'émigration a pris sa place dans la vie d'Annie. C'est un coup terrible pour Hacène qui aimait sincèrement Annie et son copain. De désespoir, il rentre en Algérie où il est cette fois accueilli avec le déshonneur du cocu. Il tombe en dépression puis devient fou. Sa famille le fait enfermer. Plus tard, on me dira qu'il allait répétant mon nom, qu'il mettait à table le couvert d'Annie et le mien, qu'il ne se lavait plus…

À Lyon, Mouloud, lui, va bien. Il gère le garage et notre vie. Paresseux, il ne connaît pas grand-chose à la mécanique, mais il s'y met pour quelques années avant que l'affaire périclite. Mouloud cherche alors peut-être du travail. Mais, très vite, il faut laisser le petit appartement qu'avait déniché mon père pour abriter notre bonheur. Direction la montée de la Croix-Rousse, qu'Annie appelle « Croix-Rouge ». Les souvenirs de mon début de vie avec Mouloud sont rares mais nets. Je sais qu'il n'est pas mon vrai père, mais quand j'insiste pour en savoir plus, Annie élude. Je n'insiste plus. Je ne saurai pas qui est mon père biologique. Mouloud s'absente la plus grande partie de la semaine. Je ne sais pas où il va ; travailler, me dit-on. Le week-end, il nous retrouve. J'ai aussi le souvenir de vacances en Corse dans un endroit où les gens sont nus. Je ne comprends pas tout de suite et j'ai peur. Mouloud et ma mère m'expliquent qu'ici on peut vivre sans vêtements. J'aurai d'autres expériences de ce type. Je déteste cela. Mais mon souvenir le plus précis, c'est celui de Bangkok. Je ne sais pas pourquoi nous y allons, même si je comprends que nous ne sommes pas en vacances. Ma mère a le visage inquiet. Mouloud n'est pas là. Sur place, nous retrouvons un homme qui m'est présenté comme son frère, justement. Il m'achète un Orangina. On prend un taxi. J'ai les yeux écarquillés, le trafic est un écheveau serré de vélos et de petites voitures à trois roues. Sur les trottoirs, des gens haranguent les passants en leur tendant des bols et des brochettes fumantes, on crie, on s'active, la ville grouille et bruisse sans répit. En plein cœur de l'agitation, nous nous arrêtons devant un bâtiment avec des murs très hauts, comme un château fort. À l'entrée, une porte en fer à deux battants. Le frère de Mouloud descend avec des papiers à la main. Je demande à Annie où on est, elle me répond sans détour :

« C'est la prison, on va chercher Mouloud.

— Pourquoi est-il en prison ? » Elle me regarde avec un air indéfinissable. Encore aujourd'hui je m'interroge sur le sens et la portée de ce regard. Il y a de l'arrogance, comme du défi devant la peur qu'elle sait inspirer par ses réponses :

« Mouloud est en prison pour trafic de drogue. »

Je ne sais rien d'autre. Je ne saurai jamais rien d'autre sur cet épisode. Nous entrons dans une aile du bâtiment ; le plafond est haut ; sur la gauche, un mur avec des fenêtres inaccessibles, sur la droite, des pièces avec des barreaux et des hommes derrière les barreaux. Une seule cellule est occupée par des femmes, beaucoup de femmes, et beaucoup d'enfants autour d'elles. Tout le monde nous regarde. Nous arrivons à la cellule de Mouloud. Je ne le reconnais pas, avec ses cheveux longs et sa barbe. Il tend ses mains à travers les barreaux pour attraper mon Orangina. Je me recule. Annie ordonne : « Donne-lui. » Je fais non de la tête, elle m'arrache la bouteille des mains et la lui tend, mais elle ne passe pas entre les barreaux, elle est obligée de me la rendre. C'est mon Orangina. Le frère parle :

« Tu vas rester là avec Mouloud, ta mère et moi on doit aller au bureau. »

Avant même que je ne réagisse, je les vois se diriger vers une porte au fond du couloir. Le frère a une valise à la main que je n'ai pas vue quand il est descendu du taxi. Il ne l'aura plus en sortant. Je suis seule dans ce couloir vide et large, avec tous ces hommes agglutinés aux barreaux qui me dévisagent. Certains me font des signes, ils s'expriment dans une langue incompréhensible, la même que les vendeurs de brochettes. « N'aies pas peur », me dit Mouloud, mais je suis terrorisée, presque autant de la présence de tant d'hommes curieux que de l'aspect du seul que je connaisse. Je crains de voir les barreaux s'ouvrir d'un seul coup et des bras me happer pour m'emporter dans l'obscurité diabolique du fond de leur tanière. Encore aujourd'hui je rêve de cet épisode. Heureusement, la porte s'ouvre, Annie et le frère reviennent. Ma génitrice me calme. Un homme en uniforme ouvre la cellule. Mouloud sort. Nous reprenons la voiture et nous quittons la prison. À l'hôtel, son frère dit à Mouloud de se laver. Dans le hall de l'hôtel, nous l'attendons pendant qu'il se fait couper les cheveux. Puis nous allons manger sur un bateau. Je suis rassurée. Je n'ai pas de souvenir de la nuit, sûrement à l'hôtel. Mais au matin j'entends une discussion vive entre les trois. Le frère est en colère : « Tu es folle, je vais m'en occuper, restez là », dit-il à ma génitrice. Il sort, Mouloud et Annie ne parlent pas. Je suis dans un petit lit. Nous attendons. Quand il revient, le frère dit : « C'est réglé », mais je les entends encore discuter fort. Ils ne sont pas d'accord. Nous reprenons un taxi pour l'aéroport, puis un avion. Annie est de mauvaise humeur mais elle ne parle pas. Personne ne me dit rien. Je demande : « On rentre à la maison ?

— Oui, on va à la maison, me répond le frère. Je ne sais pas ce que cela signifie, je me méfie :

— À Lyon ?

— Ta gueule. »

On atterrit à Alger, mais je ne sais pas que c'est Alger. Personne ne me l'a dit, je l'ai découvert par déduction, en reconnaissant les lieux et les gens, bien plus tard. Pendant le vol, j'ai demandé plusieurs fois pourquoi on ne rentre pas à Lyon, mais j'ai toujours obtenu la même réponse : « Mais tu vas fermer ta gueule ! » Je comprends que le frère commande à Mouloud et à Annie, je me demande bien pourquoi. Annie finit par m'expliquer qu'on va voir des gens de la famille.

Je n'ai pas de souvenir de l'arrivée, mais je revois une maison au bord de la mer. Le frère de Mouloud s'appelle Moustafa. Mouloud est dans la salle de bains, il vomit. Une dame est gentille avec moi. Nous nous couchons. Le lendemain, Annie repart sans nous. On m'explique que Mouloud est malade et qu'on doit le soigner. Je n'ai pas la notion du temps, mais je crois qu'on reste plusieurs semaines, plusieurs mois sans doute. La femme de Mousse, Kima, est très gentille avec moi. Je me souviens aussi qu'on mange souvent des gâteaux dans le salon et qu'il y a un couloir immense où on fait des courses avec mes cousins. Au bout de ce grand couloir, il y a le studio où Mouloud garde le lit. De temps en temps, je regarde par la porte entrebâillée, cela m'inquiète un peu de le voir couché comme ça. Finalement, un jour, je le trouve à table avec nous et nous mangeons normalement. Il va mieux, m'explique-t-on.

Mon souvenir suivant, c'est à la maison, à Lyon. J'ai dormi une journée entière. Je suis rentrée chez moi.

2.
Entre le couteau et le piano

« “Cela ne peut pas être vrai que tout cela me soit arrivé, sinon quelqu’un viendrait à mon secours”, et le patient préfère douter de la justesse de son jugement plutôt que de croire en la froideur de nos sentiments, notre manque d’intelligence, bref, notre stupidité et notre méchanceté. »
Sándor Ferenczi, *Le Traumatisme*, Éd. Payot, 1982.

Mon début de semaine est donc invariablement médico-professionnel. C’est-à-dire qu’il s’organise autour de mes cours et des rendez-vous avec les différents réparateurs de mon corps et de mon esprit. Cela me libère les fins de semaine pour ma reconstruction personnelle et mes mille projets. Le lundi, je vois le kiné et le psy. Le mardi, le psychomotricien. Une fois par mois, j’ai rendez-vous avec la psy en chef du Centre. Et j’essaye de caser le reste de mes petits ennuis de santé dans les intervalles. Cette semaine, c’est très chargé : examen de contrôle de mon micro adénome hypophysaire, traitement COVID long, diagnostic neurologique à confirmer…

Je crois bien que je vais encore devoir repousser mon ulcère à la semaine prochaine.

« Le plus difficile c'est d'être crue. On ne croit pas souvent les femmes, alors les femmes qui ont vécu ce que j'ai vécu… ». Comme je n'aime pas m'allonger, je suis assise face au psychologue du CMP (Centre médico-psychologique) et je m'épanche, cela me fait du bien. J'ai obtenu une place en janvier. Les soins sont gratuits. Je le vois une fois par semaine. Et je m'interroge beaucoup. Est-ce qu'on reproduit ce qu'on a vécu ? Pourquoi je fais toujours les mêmes conneries ? D'où me vient ce goût de mort ? Pourquoi dois-je subir toutes ces galères physiques en plus de l'enfer moral que j'ai vécu ? Est-ce que cela va s'arrêter un jour ? Voilà quelques-unes des questions qui restent encore sans réponse. Mais j'avance. Pour la première fois depuis longtemps, j'ai l'impression qu'une perspective se dessine.

Comme pour n'importe qui, le lieu des fouilles, c'est l'enfance. Sauf que je n'ai pas eu l'enfance de n'importe qui. C'est le moins qu'on puisse dire. Hier, j'ai fait le test de Holmes et Rahe[1]. Tout le monde peut le faire, on le trouve en ligne, et il suffit d'avoir un peu de mémoire et de savoir compter. Afin de déterminer une sorte d'échelle du stress, ces deux chercheurs de Harvard ont établi une liste des nombreux événements traumatiques d'une vie susceptibles d'affecter le sujet en une année : mort d'un proche, violences sexuelles, internement, drogue, maladie grave, etc. À chaque événement est attribué un nombre de points qu'on additionne à la fin. Un total de 200 est un signal d'alarme, à 300 ils conseillent un traitement lourd, possiblement une hospitalisation. J'ai choisi quelques années de ma vie, 1985, 1995, 2003,

1. Thomas H. Holmes et Richard H. Rahe sont deux psychologues chercheurs de l'université de Harvard qui se sont intéressés aux répercussions physiques, dans le temps, du stress sur le corps des victimes. Leur liste a été mise à jour en 2007 par la psychologue de la « psychogénéalogie » (voir chapitre 4), Anne Ancelin Schützenberger.

2007, 2019… Mon total annuel oscille entre 800, les bonnes années, et 2000, les mauvaises... En conséquence, j'ai arrêté mes additions. Beaucoup trop stressant.

Première moitié de 1980

Après que Mouloud m'a ramenée, endormie, d'Alger à Lyon, la vie reprend. Je suis trop petite pour me poser toutes les questions : qui sont les gens chez qui nous avons passé tout ce temps en Algérie ? Est-ce que Mouloud est malade ? Pourquoi ma mère m'a-t-elle laissée tout ce temps ? Où était-elle ? Pourquoi est-ce que son corps ne me répond pas quand je la serre dans mes bras, à mon retour ?

À Lyon, nous n'avons plus le garage. Mouloud boit. Au début, je ne comprends pas, mais très vite je fais le lien entre ses sautes d'humeur – il peut m'embrasser et me repousser dans le même geste, me sourire puis se fâcher… – et le fait que je l'aperçoive à travers la vitre du PMU, presque tous les jours, en rentrant de l'école. Parfois, quand il est vraiment tard, Annie m'envoie l'y chercher. Je vais à pied à l'école. J'aime beaucoup l'école. J'y ai des amies et il me semble que c'est un lieu protégé où les maîtresses et les enfants sont heureux. Je m'y sens en confiance.

L'arrivée de Fleur, ma première sœur, dans la famille, me remplit de joie. Mouloud et Annie aussi semblent heureux. Annie a des gestes doux quand elle la change, elle ne lui parle pas fort, elle la prend dans ses bras. Elle fait la maman. Et moi j'aime bien regarder sourire ma sœur.

Mais un jour nous partons. Mouloud me dit que l'appartement est devenu trop cher, qu'on doit le laisser. En réalité, Annie me dit que Mouloud a joué l'argent de la famille aux courses ! « Alors nous allons trouver un autre appartement ? », je demande. Je revois le camion garé devant chez nous. On y charge nos affaires en vrac, toute notre petite vie. Je n'ai pas beaucoup de jouets, ils tiennent dans un sac qu'Annie case tout au fond du camion, sous la banquette. Mouloud m'explique que nous allons partir avec ce véhicule. Mais pour où ? Pour où ? Mouloud sourit, et Annie dit : « Nulle part. » Je suis très inquiète de sa réponse, comment ça, nulle part ? On doit bien aller quelque part ? Et l'école ? Et mes amis ? Et la Croix-Rousse rouge ? Nous partons. Je le découvre au fil des routes et des villages : nous n'allons effectivement nulle part. Nous roulons d'une ville à une autre, le plus souvent de petites villes. Nous nous lavons aux fontaines ou dans les bains publics. C'est en 1980. Je me souviens d'affiches électorales. J'ai des cahiers pour travailler, je ne me débrouille pas si mal, je crois. Je réclame souvent de faire des devoirs mais Annie répond : « On s'en fout. » Un jour où je lui demande de me faire réciter mes tables, je prends une gifle. Mouloud conduit tout le temps. Sans qu'Annie ne m'ait rien demandé, je décide de rester à côté de lui pour le tenir éveillé car nous roulons souvent de nuit. Et Mouloud est tout le temps ivre. J'ai peur, je ne le quitte pas des yeux. Ce qui me taraude le plus durement, durant ces mois d'errance, c'est évidemment de rater l'école, mais c'est, au-delà, l'idée que nous ne sommes pas « comme tout le monde ». Je comprends que les gens autour de nous, ceux que nous croisons et que j'observe depuis une table de pique-nique au bord de la nationale, le trottoir d'un supermarché ou la fenêtre de la bétaillère Citroën qui nous héberge, ces gens du monde que nous traversons sans y appartenir, ont une vie normale, un travail, une maison, des amis. Nous, nous ne faisons rien que rouler, Clermont-Ferrand,

Valence, Mulhouse… Le jour, nous dormons sur les banquettes ou bien au bord de la route. Est-ce que nous fuyons ? Est-ce que nous nous cachons ? Je ne le saurai jamais. Pourtant, pour moi ce vagabondage va s'interrompre. Sans qu'on m'avertisse, je m'aperçois un jour que nous rentrons à Lyon. Mouloud conduit. Mais nous n'allons pas à notre ancienne maison. Il s'arrête à la gare. Annie m'explique qu'on doit se séparer. Mouloud restera avec Fleur, ma sœur. Moi, je dois accompagner ma mère. Je demande où on va. Annie dit : « Nulle part. » Nous prenons un train. Elle reste silencieuse. Au bout de plusieurs heures, nous descendons du train. Je lis « Besançon » sur un grand panneau bleu. Nous allons chez ma tante Alice, la sœur d'Annie. Enfin, moi j'y vais, parce qu'Annie, elle, n'entre même pas dans la maison quand ma tante ouvre la porte. Elle salue Alice, qui semble surprise de nous voir, puis fait demi-tour sans me regarder. Je suis là, debout sur le pas de la porte. Je crois que je pleure.

Je reste assez longtemps chez ma tante, plus d'un an, je crois. C'est une belle période. Elle vit avec Riky, c'est un ami de papa et de Mouloud et d'Annie aussi, mais il travaille, il fait des choses normales. Ma tante est artiste, elle peint et elle crée des abat-jours et des tableaux avec des papillons et de la laine de mouton, qu'elle vend sur les marchés. Elle a même une place attitrée au marché de Noël de Strasbourg. Je sais qu'elle voulait être photographe, mais Pépé n'a pas voulu, cela coûtait trop et Alice n'avait « pas besoin de faire d'études ! » Il fait froid dans le Jura. Je suis en CP, nous sommes une dizaine dans ma classe. Mon cousin Adène est dans la même école, mais en maternelle. Il est gentil, je lui donne la main pour traverser la route et nous partageons le goûter. L'école, c'est un grand bâtiment avec un toit en pente. Dans la cour de récréation, il y a des arbres hauts et des préaux où l'on s'abrite quand il pleut ou qu'il neige. Je m'y perds un peu, même si c'est beaucoup plus petit qu'à Lyon. Je ne connais pas la maîtresse ni mes nouveaux camarades, mais j'y ressens tout de suite la même impression de sécurité. Finalement, le temps de m'adapter, je me sentirai aussi bien à l'école que chez ma tante. Mais un jour, Annie, Mouloud et Fleur reviennent me chercher. Sans prévenir. Annie est enceinte jusqu'aux yeux. Nous rentrons à Lyon. Alors que nous sommes presque arrivés, nous avons un accident à cause d'une pomme. Annie veut en attraper une dans le panier à ses pieds mais le fruit est pourri. Elle s'énerve, dit qu'elle n'aime pas les pommes pourries et veut la jeter par la fenêtre, mais depuis quelques jours la fenêtre est bloquée, on ne sait pas pourquoi. Annie ouvre alors la portière, Mouloud fait une embardée, Annie tombe sur le trottoir et moi je bascule en arrière à l'intérieur du fourgon. Mouloud crie et freine d'un coup sec mais trop tard pour éviter un mur. Annie git sur le trottoir... Mon souvenir suivant, c'est Mouloud qui prend un torchon, il appuie sur la tête d'Annie et me hurle de faire sortir ma sœur de la voiture. Je soulève Fleur de son couffin et je la porte pour descendre sur le marchepied juste au moment où le moteur prend feu. Le moteur fumait souvent depuis quelques jours, dira Mouloud aux policiers. La tête d'Annie est ouverte et de la matière sombre s'échappe. Les pompiers arrivent. C'est la fin de 1980, ou le début de 1981. Là, je n'ai plus de souvenirs jusqu'à la sortie de l'hôpital : Annie a accouché de ma seconde sœur, Rose, sa tête est bandée, elle pousse le bébé dans un landau. On traverse. Une voiture arrive trop vite et renverse Annie et le bébé. Ma petite sœur n'a rien mais le pied d'Annie est cassé. Retour à l'hosto. On ressort quelques jours plus tard. Je me demande où on va habiter parce que le fourgon est cassé. Mouloud dit qu'il l'a fait réparer. Mais on ne reste pas à Lyon. On va à Mauguio, près de Montpellier. Je ne sais pas pourquoi on y va, mais je comprends qu'on ne doit pas rester à Lyon. Je suis contente qu'on n'ait plus à rouler tout le temps parce que je n'ai pas confiance en Annie et Mouloud. Ils se droguent. Je ne le comprends pas précisément, mais je vois qu'ils sont souvent chancelants, qu'ils n'ont pas beaucoup de forces et qu'ils dorment souvent. Je ne mettrai des mots que bien plus tard sur leur comportement et leurs gestes quotidiens d'addiction. Mais je comprends que c'est à cause de cela que nous avons eu cet accident, plutôt qu'à cause des pommes.

Le fourgon Citroën est tout cassé. Je ne sais plus comment nous avons voyagé jusqu'à notre nouvelle maison.

À Mauguio, la maison est de plain-pied. Il y a une baie vitrée devant. La cuisine et le salon communiquent. Derrière il y a un petit couloir qui donne sur la chambre d'Annie, à gauche, qui est aussi la mienne, elle m'a « aménagé » un coin au fond de la pièce. L'autre chambre était assez grande pour qu'on y demeure toutes les trois, mais elle l'a réservée à Fleur et ma nouvelle petite sœur, Rose. On a un jardin devant, assez petit, et un autre derrière. La maison est collée au cimetière. Je vais souvent y jouer. La maison donne sur la route et, au-delà, sur un jardin public beaucoup plus grand. Et au milieu coule une rivière. Je vais souvent la voir avant d'aller à l'école. Je suis heureuse de retourner en classe. Je n'ai pas pris de retard, malgré ma vie sur la route, mes interruptions et mon passage dans le Jura. En plus des cours habituels, je fais du théâtre. Une fois, je jouerai un cow-boy à la représentation de fin d'année, et une autre fois une danseuse arabe. Et aussi une fée. Je fais également de la poterie, des masques en papier mâché comme à Venise, de la peinture sur soie et des foulards. Je suis heureuse, j'ai l'impression de marcher sur les traces de ma tante Alice.

Annie et Mouloud continuent de prendre de la drogue, mais au moins on n'est plus sur la route. Mouloud boit beaucoup, mais pas Annie. Beaucoup de gens passent à la maison. Des hommes surtout. Il y a des sacs de cannabis planqués un peu partout dans le jardin de devant. Derrière, près du cimetière, le grand jardin est plein de plants de cannabis entourés de tournesols. J'ai vu beaucoup de gens titubants à Mauguio, vraiment beaucoup. Mouloud est là le week-end, mais la semaine il est presque toujours parti avec sa nouvelle voiture. Le soir, Annie accroche le cannabis au plafond dans plusieurs endroits de la maison, un peu dans notre chambre, mais surtout dans le couloir et le salon, pour qu'il sèche. Quand il est sec, on doit l'émietter, avec mes sœurs, pour le mettre dans de petits bocaux. Ensuite, je suis parfois chargée de porter les bocaux dans une maison du village à un certain George. Un jour, le policier du village me voit entrer chez George : « Alors, petite, tu vas encore chez George ? » Mes souvenirs se brouillent, je ne sais pas trop comment se termine l'histoire mais je vais au poste. Puis il me ramène à la maison. Annie parle avec lui et, dès qu'il s'en va, elle vient me chercher dans la chambre où je me suis réfugiée. Je prends des gifles. J'ai un autre souvenir de la police. Je suis dans le train avec Mouloud. Le train s'arrête, ou bien est-ce à la gare ? Je ne sais plus. Toujours est-il que des camions de police sont garés le long de la rue… ou le long de la voie. Des policiers montent dans notre voiture, je comprends instantanément que c'est nous qu'ils veulent. De fait, ils nous arrêtent. Mouloud a les menottes. Nous descendons du train, tout le monde nous regarde et j'ai honte. On nous met dans la camionnette. Au poste, j'ai mon disque de Maya l'abeille avec moi, celui que Mouloud m'a offert. Le policier m'interroge. Je suis debout sur un long banc, presque à sa hauteur. Il me demande de bien réfléchir, il veut savoir ce qu'on a fait, chez qui on est allés, si on a vu quelqu'un à la ville. Mais moi, je ne sais absolument rien. Je lui propose de « demander à Mouloud plutôt ». Alors il prend mon disque de Maya l'abeille et me le casse sur la tête. J'ai 8 ans, peut-être 9. Je ne sais plus si les faits sont connectés, mais j'ai aussi le souvenir des plants de cannabis qui brûlent et de policiers qui regardent. Mouloud a fait plusieurs séjours en prison, je crois, mais il n'est jamais resté bien longtemps.

J'aime bien Mauguio, mais Annie me cogne beaucoup. Je suis une gêne pour elle, je le sens, je le sais, mais je ne sais pas du tout que faire de cette situation. Elle a toujours été brutale avec moi et j'ai pris pas mal de gifles très tôt. Mais à Mauguio, cela devient un enfer. Je sais que je ne peux pas avoir confiance dans la femme qui m'a mise au monde, mais là je commence seulement à comprendre qu'elle me hait. Instinctivement, cela me bouleverse, j'ai l'impression que c'est contre nature, et surtout que c'est injuste. Elle est ma mère. Je devrais me reposer sur elle au plus petit bouleversement de ma vie, mais cela m'est impossible. Le cerveau des enfants conçoit difficilement l'hostilité de leur entourage immédiat, je l'apprendrai plus tard.

Une nuit, je me lève pour faire pipi, je vois Annie avec un homme. Je n'ai pas le choix, je dois passer devant son lit pour aller à la salle de bains. Je suis tétanisée. J'ai l'impression que l'homme la bat, mais non. Je ne comprends pas ce qu'ils font. Elle me regarde, il se retourne. Je m'enfuis vers la salle de bains. Elle me rejoint : « Tu fais exprès, hein ? pour me faire honte, pour me gêner. » Elle m'attrape par le cou et me traîne dans le jardin. Elle m'étrangle. Je m'évanouis. Je me réveille à l'aube parce que j'ai la rosée sous le nez, et puis j'ai très mal au cou. Une camarade que j'aime bien habite derrière le jardin public. Nous sommes voisines de banc et je suis déjà allée chez elle, ses parents sont normaux. Je vais devant sa porte et j'attends que quelqu'un ouvre. Je me suis rendormie quand le père sort pour aller au travail. On me fait entrer et on me donne un petit déjeuner car j'ai faim, comme d'habitude. Je raconte tout. Ils regardent mon cou et me mettent de la pommade. Ils parlent entre eux, j'entends le mot police et je prends peur. Je comprends que ma famille va avoir des problèmes. Je ne veux pas. Ils m'emmènent pourtant au poste mais me demandent de ne pas dire que je suis passée chez eux. Ils ont peur de Mouloud, je crois, et de tous les gens qui passent à la maison. Un policier m'écoute. Puis un autre m'amène à l'école. Je suis en retard mais il parle avec le professeur. Le soir, je rentre après avoir beaucoup traîné dans les rues pour retarder le moment de retrouver Annie. Quand j'arrive, elle fonce sur moi. Comme elle s'inquiétait de ne pas me voir revenir de l'école, elle a appelé la police qui lui a dit d'attendre. Mais je me ferme totalement. Je refuse de dire où j'étais et si j'ai vu la police. Elle me cogne puis m'ordonne de rester dans la chambre. Je m'endors et j'ai très mal. Le lendemain matin, elle me traîne dans la salle de bains. Elle ouvre le robinet et me maintient sous le jet. C'est froid. Elle m'étrangle. C'est la première fois. Cela deviendra une sorte de rituel : plusieurs fois par semaine, j'ai l'impression que c'est tous les jours, elle m'attrapera brusquement alors que je dors encore, m'ordonnera de filer à la salle de bains pour me laver, et entrera à son tour. Elle se plantera derrière moi, me regardera dans la glace, saisira mon cou et serrera, puis relâchera soudainement. Chaque fois, je penserai mourir. Cela durera jusqu'à mon enlèvement. Encore aujourd'hui, la douche m'inquiète au point que j'ai toujours des irritations parce que je n'arrive pas à fermer les yeux pour les protéger du savon. C'est un budget en collyres apaisants ! Parfois il arrive aussi qu'elle me morde jusqu'au sang. Pendant qu'elle le fait, elle souffle, j'entends sa rage, comme un chien. Il arrive que j'aie sa tête très près de moi et j'ai envie de la frapper mais je me retiens parce que je sais que ce serait pire après. D'autres fois, elle me traîne dans le jardin en me tirant par les cheveux. Elle peut aussi me battre par surprise. Un jour, alors que je regarde la télévision, assise sur le canapé, sans qu'il y ait eu aucune alerte, elle me tire la tête en arrière et la bloque contre le chambranle de la porte du salon, puis elle claque la porte plusieurs fois. Quand je reprends conscience, elle me dit que c'est parce que j'avais mal mis le plaid sur le canapé.

Mes sœurs et moi allons à la même école, mais nous ne mangeons pas tous les jours à la cantine. C'est Annie qui nous dit avant de partir qui doit revenir le midi. Un midi où elle a fait des steaks et de la purée, mon plat favori, elle m'interdit de manger parce que j'ai mal mis le couvert : « Tu te lèves, tu donnes ta viande et tu vas mettre ton assiette dans l'évier. » Je mets le couteau dans l'égouttoir, elle me reprend : « Pas comme ça » Je recommence, c'est toujours mal, je recommence, encore mal, je ne comprends pas ce qu'il faut que je fasse… « Tu veux qu'on se blesse ? Recommence ! » J'ai pourtant mis le couteau à côté des autres dans le même sens. Elle me dit que je suis une petite conne. Elle se lève, prend le couteau, et me le plante dans le bras. J'ai une ouverture de quatre centimètres. Elle est obligée de m'amener à l'hôpital parce que cela saigne beaucoup. À l'infirmière, elle déclare que je suis tombée par accident, je n'ose pas parler. Je manque l'école. Une autre fois, elle m'écrase une cigarette allumée sur le poignet. Cela brûle jusqu'à l'os. Cela mettra des années avant que la peau se reconstitue. Elle m'appelle tout le temps « bougnoule », « sale arabe ». Elle me dit souvent aussi que je ne suis pas drôle, que je l'ai empêchée de faire des études. Une fois, elle me hurle : « Tu es folle comme ton père. » Alors, je demande : « Qui est mon père ? »

Un professeur m'aide. Il est au courant de la situation difficile chez moi, et parfois je vais chez lui pour faire mes devoirs. Je joue aussi avec ses enfants. Une fois, dans la cour de l'école, je l'entends dire à une autre prof : « Les pauvres petites, elles sont foutues, alors qu'elles pourraient s'en sortir, mais elles ont des parents fous. » Cela me procure un drôle de sentiment, je crois que cela m'énerve, mais cela me plaît que quelqu'un s'aperçoive que quelque chose ne va pas dans ma famille. J'ai honte aussi.

Je demande à m'inscrire au piano ; on donne des cours à la mairie et c'est gratuit. Annie accepte. On m'a offert un tout petit piano avec lequel mon prof me propose de faire une petite représentation. Je me produis devant mes camarades. C'est une grande joie.

Et puis les motards sont arrivés.

3.
Otage

« “Ce n’est rien du tout”, “Rien n’est arrivé”, “N’y pense plus”… […] Ces choses sont simplement recouvertes par un silence de mort, les légères allusions de l’enfant ne sont pas relevées, voire rejetées comme incongrues, et ce avec le total consensus de tout son entourage et de façon tellement systématique que, face à cela, l’enfant cède et ne peut plus soutenir son propre jugement. »

Sándor Ferenczi, *Le Traumatisme*, Éd. Payot, 1982.

Chaque jour m’arrivent les messages des enfants de l’ombre. Ce sont des enfants sans présence, des fantômes que la société ignore. Les enfants victimes de rapts parentaux n’existent pas. En tout cas, pas juridiquement. Ils entrent dans les catégories des enfants victimes de violences, kidnappés, en danger… mais le rapt par un parent, s’il est évidemment contemplé par la loi française, en tant que « déplacement illicite d’enfant à l’étranger », ne fixe aucun statut spécifique de l’enfant, or le rapt par un parent représente une catégorie en soi du kidnapping d’enfant, avec un contexte, une histoire, des processus, des constantes criminelles, qu’une meilleure définition du phénomène ne pourra qu’aider à comprendre. Parce que « mal nommer les choses c'est ajouter au malheur du monde[2] », mal nommer ces petites victimes, c'est ajouter chaque instant à leur malheur.

En 1989, l'ONU a fait adopter en assemblée générale, à l'unanimité – à l'exception notable de la Somalie qui n'avait pas d'État et des États-Unis au motif que figurait dans le texte un alinéa spécifiant qu'on ne pouvait plus condamner les enfants à mort –, la CIDE (Convention internationale des droits de l'enfant). Ce texte dispose quatre principes fondamentaux : non-discrimination, intérêt supérieur de l'enfant, droit de vivre et se développer, respect des opinions de l'enfant. Le contexte et le déroulement de mon rapt en Algérie contreviennent à ces quatre principes (et à tous les droits y afférant[3]) pourtant juridiquement contraignants et ratifiés par l'Algérie en 1993. C'est dire le peu de cas qu'en font les États.

C'est pour donner aux enfants victimes de rapt par un parent une identité et une protection que j'ai créé en 2021 l'association ThéraVie ARP-APA anti-RPicide[4] Il s'agit d'abord de sensibiliser le grand public et les autorités politiques au problème et de créer le statut juridique d'enfant victime de rapt parental (EVRP) reconnu par les instances nationales, internationales, les ONG, l'ONU, la cour de La Haye, l'Unicef… Ensuite, une fois ce délit officiellement considéré comme un crime, il s'agira de créer la

2. Albert Camus.

3. Parmi les 54 articles figurent notamment les droits à être protégé, soigné, secouru, aller à l'école, pouvoir jouer…

4. RP fait ici référence au « rapt parental ». L'intitulé de l'association, son logo, son slogan et sa journée mondiale ARP anti-RPicide des EVRP chaque 19 avril sont officiellement déposés et enregistrés : ThéraVie ARP-APA International ANTIRPICIDE Anti-Rapt-Parental * Anti-Parental-Abduction. Site : https://www.theravie-arp-apa-antirpicide.org/ Linksights : https://linksight.me/theravie et https://linksight.me/antirpicide Comptes Instagram, Twiter et TikTok : mc_arp_apa et FaceBook : Théravie ARP-APA.

loi EVRP qui « cadrera » les enfants durant leur rapt et aidera à leur éventuel retour, et leur assurera, pour la suite, un véritable suivi social. Des milliers d'enfants sont enlevés, raptés, chaque année dans le monde. Plus de cinq cents enfants[5] disparaissent chaque année de France dans ces conditions, et des centaines de dossiers, notamment, sont en litige entre l'Algérie et la France, depuis les années quatre-vingt. En octobre 2020, la chancellerie a admis connaître trois cent dix-huit dossiers[6] « dont la gestion est très difficile », en clair, des dossiers bloqués dont personne, au-delà des familles, ne se préoccupe plus. Compte tenu de la durée moyenne d'un rapt, estimée en fonction des dossiers à sept à huit ans, combien de dossiers accumulés sont réellement dans l'impasse ? Combien d'enfants raptés, par ailleurs, ne figurent pas dans cette comptabilité, du seul fait que les parents n'ont pas déclaré les rapts ? J'en ai des dizaines à l'association, combien sont-ils en réalité ? Qui s'en préoccupe ?

Je ne suis moi-même que l'un de ces dossiers.

Aujourd'hui, je commence une nouvelle vacation à l'Unesco. J'ai du mal à prendre le métro. Mon sentiment d'oppression est permanent dans les transports et les endroits clos. J'ai peur de mourir. Le cours d'aujourd'hui, c'est « langue arabe débutant ». Certains étudiants connaissent mon histoire et m'en parlent parfois à la fin des cours, toujours avec délicatesse. J'entretiens une relation ambivalente avec l'arabe. Je crois qu'elle est pour

5. L'association Droit d'enfance répertorie, pour 2021, 43 870 disparitions d'enfants en France, parmi lesquels 545 enlèvements parentaux dont la très grande majorité sont des enlèvements internationaux. L'association précise que ce chiffre est largement minoré du fait que de nombreux parents ne portent pas plainte ou ne sont pas répertoriés au FPR (Fichier des personnes recherchées).

6. Chiffre cité dans l'article « Enlèvement parental à l'étranger, ils se battent pour le retour de leurs enfants », Ambre Lepoivre, Esther Paolini pour BFM TV, 14-10-2020.

moi ce qu'a été le français pour Kateb Yacine[7] : une prise de guerre. C'est une langue belle, riche, profonde, poétique… mais elle est la langue de mon calvaire. Et chaque mot me ramène à mon passé. À mon passé de 1981 par exemple, alors que nous allons en Algérie pour la deuxième fois après « l'escale » du retour de Thaïlande.

Août 1980

Mouloud et Annie vont se marier et ils veulent que cela se passe en Algérie, au pays de Mouloud. La cérémonie se déroule donc au consulat français d'Annaba. Je crois qu'ils envisagent de s'y installer, en tout cas d'y demeurer quelques mois. Nous emménageons ensuite à Telemly, un beau quartier d'Alger, dans un grand appartement en duplex, précisément situé au-dessus du consulat de France. Du balcon, on aperçoit le monument aux martyrs, le port et la mer. Ils m'inscrivent à l'école. L'appartement est bien, mais les jeunes mariés se disputent tout le temps. Un jour, je reste ahurie à regarder Annie jeter les assiettes du haut de l'escalier.

Nous y revenons en 1981, après la naissance de Rose. Mes sœurs et moi dormons dans la même chambre, immense, bien aménagée, avec un petit coin salle de jeux et un autre meublé d'un salon en osier. Le quartier ne me déplaît pas. Nous sortons souvent nous promener sur le front de mer. Nous allons à la plage. Un week-end, nous partons en voiture pour Annaba, nous allons

7. Kateb Yacine (1929-1989) est un écrivain et metteur en scène algérien qui écrit dans les deux langues. Anticolonialiste, il est étudié en Algérie mais aussi en France et figure notamment au programme de la Comédie française.

visiter un frère de Mouloud. Pas celui qui est venu en Thaïlande, un autre que je ne connais pas. On reste plusieurs jours. Il y a un autre homme dans la réunion, qui me fait peur car il me regarde fixement. Je le dis à Mouloud, qui me rembarre brusquement. Et puis il y a Haya, qu'on me présente comme une amie de la famille. Elle parle à voix basse avec Mouloud, puis elle vient vers moi en souriant : « On va aller se promener, je vais te faire rencontrer beaucoup de cousins et cousines. » Je ne veux pas y aller mais Mouloud m'y pousse : « Il le faut. » On va donc chez elle, c'est assez loin. On s'installe au jardin puis Haya me dit que je vais rester plusieurs semaines : « Ce sera comme des vacances. » Je fonds en larmes et je réclame Annie. Haya, je l'apprendrai des années plus tard, est la sœur de mon père biologique. Je reste un trimestre, je change encore d'école. Je ne sais rien de « l'accord » entre Mouloud et Haya. Mouloud rentre à Alger retrouver Annie et les petites. Et puis, un jour, il revient me chercher et nous rentrons à Mauguio. Sur le moment, tout m'échappe, mais avec les années et le recul, je comprendrai qu'il s'agit d'un premier rapt, ou d'une tentative, de la part de Mouloud et ma mère, de se débarrasser de moi... Je ne comprends pas non plus pourquoi ils sont revenus me chercher.

À Mauguio, la vie reprend comme avant, malheureusement. Je suis contente d'être rentrée. Mais mon quotidien se durcit encore. En 1983, un matin, Annie me demande de revenir au déjeuner. Juste moi, pas mes sœurs. Cela n'arrive jamais. On ne mange pas tous les jours à la cantine, mais on rentre le plus souvent à trois. Parfois mes deux sœurs rentrent. Moi je ne rentre jamais seule le midi. C'est trop inhabituel et cela m'inquiète, mais j'y réfléchis et je me dis que je vais avoir ma mère pour moi toute seule, c'est très rare. De fait, elle est gentille quand elle me donne la consigne le matin et encore gentille quand je rentre à midi. Elle me laisse manger tranquillement et beaucoup. C'est viande purée. Tout va bien, trop bien. Après le repas, elle me demande de m'asseoir sur le canapé avec elle. Je suis sur mes gardes, il va se passer quelque chose. Annie prend un crayon et un papier et commence à dessiner. Elle dessine bien. Il y a quelques mois, elle a décroché un contrat avec un producteur de cinéma pour créer des dessins animés, mais cela n'a pas marché, peut-être qu'elle n'a pas respecté le contrat. Le dessin qu'elle me montre représente un homme et une femme enlacés. Les sexes sont apparents. Je suis très mal à l'aise. Et la voilà qui se met à m'expliquer comment on fait l'amour, « pour que tu ne sois pas gourde, pour que tu saches… » Je suis tétanisée. D'abord, j'ai déjà une idée assez précise de la façon dont on fait l'amour ; il y a eu cet homme, le mois dernier, que j'ai surpris avec elle, et puis Mouloud et elle ne se cachent jamais, je les ai vus tant de fois, dans le fourgon et ailleurs ! Je veux qu'elle enlève ce dessin de mon regard mais elle me tient. Soudain, un bruit de moteur emplit la pièce. Deux motos arrivent. Je reconnais le bruit. Un camarade de classe m'a montré un album avec des vignettes autocollantes et je me suis prise de passion pour les Harley-Davidson. Je les entends donc se garer devant l'entrée. Annie ne semble pas surprise. Ils sont sur la terrasse avec leur casque à la main, je les ai déjà vus, je crois. Je me lève et je dis que je dois aller à l'école. Elle m'attrape le bras : « Tu restes à la maison cet après-midi. » Je regarde le dessin, je comprends ce qui va m'arriver, alors pendant qu'elle va accueillir ses amis, je fonce dans la chambre, j'ouvre la fenêtre et je m'enfuis. J'arrive à l'école comme une furie. À la récréation, mon prof me demande pourquoi j'étais tellement en retard. Je dis juste que ma mère m'interdisait de revenir à l'école. Il soupire : « Cette fois, je vais aller lui parler. » Je dis non. Il insiste. Le soir, quand je rentre, il est chez moi. Annie explique qu'elle m'a trouvée malade et qu'elle a préféré me garder. Je ne dis rien. Plus tard, elle m'interroge, elle sait que je me suis enfuie parce que je soupçonnais ce qui allait m'arriver. Elle me dit qu'elle voulait m'apprendre, pour que j'aie de l'expérience.

« C'est quoi « expérience » ? demandé-je.

— Eh bien, le dessin c'est la théorie ; pour apprendre, il faut le faire, c'est l'expérience.

Et c'est donc pour cela que les motards sont venus, pour me donner de l'expérience.

— Tu ne comprends pas que je prends soin de toi, pour que tu deviennes une femme heureuse ! C'est mieux que cela se passe avec des gens en qui j'ai confiance et en ma présence, comme ça tu es en sécurité. Mais tu ne comprends rien. Tu n'es pas drôle. »

Je n'ai pas 10 ans. Je n'ai, encore aujourd'hui, aucune idée des rapports que ma génitrice entretient alors avec ces deux hommes. Mes psys et mon co-auteur me demanderont s'il y a eu des échanges d'argent. Je n'en sais rien.

Quelques jours plus tard, Annie me demande d'apporter un bouquet de fleurs et de bambous à la salle de la chapelle, où se déroule une fête. L'endroit qu'on appelle « la chapelle » est une petite église désacralisée, devenue une salle des fêtes appartenant à la mairie. Elle est proche du jardin public, à deux pas de chez nous. On y entend régulièrement la rumeur des fêtes, ce sont souvent des mariages. Quand j'arrive avec mon bouquet, je pousse la porte et je ressens tout de suite un fort sentiment d'inquiétude. Beaucoup d'hommes sont présents et j'ai l'impression que leurs regards se tournent tous en même temps vers moi. Cela ne me plaît pas. Je repère une des rares jeunes filles, je m'approche, elle me sourit et prend mes fleurs. Quel genre « d'expérience » Annie veut-elle encore que je fasse ? Qu'est-ce que je fais ici ? Je dis à la jeune fille que j'ai peur. Un homme m'attire vers lui, je dis :

« Non, je vais rentrer, vous êtes tous grands !

Il insiste :

— Ta mère nous a dit que tu devais rester. »

Je m'enfuis. J'arrive à la maison en pleurant, autant de peur que de colère devant la nouvelle trahison d'Annie. Quand j'entre dans le salon, je cours sans m'arrêter vers la chambre mais Annie me barre la route. Elle me décoche une énorme gifle qui m'envoie bouler par terre :

« Retourne là-bas, petite conne ! »

Elle me force à l'accompagner jusque devant la porte de la chapelle. Elle frappe à la porte. Je pleure encore. Un homme ouvre la porte, c'est l'un des motards de l'autre jour. Je suis pétrifiée. Il me saisit et me propulse à l'intérieur :

« Annie nous confie sa fille, dit-il en riant, elle va dormir avec nous. »

Je réussis à rejoindre la jeune fille de tout à l'heure, je l'étreins en pleurant. Elle me regarde et prend pitié de moi :

« C'est bon, tant que tu restes avec moi il ne t'arrivera rien, juste tu fais gaffe si tu vois que je suis saoule, tu restes bien derrière moi. »

De fait, tant que je suis avec elle, les hommes me regardent mais ne s'approchent pas. Mais elle boit, et très vite elle est saoule. Je m'accroche et je réussis à rester contre elle. Sous mes yeux d'enfant se déroule une orgie. Les femmes sont rares et les hommes nus sont agglutinés autour, je vois des actes sexuels. Un lien s'établit dans mon esprit avec ce que j'ai vu faire à Annie dans son lit avec Mouloud ou bien quand elle reçoit des hommes. J'ai du mal à regarder. Je me cache les yeux. Je ne comprends pas tout ce qui se passe mais j'ai une certitude : ma place d'enfant n'est pas à cet endroit. Je hais Annie. L'aube arrive, l'activité s'est réduite mais je suis encore terrorisée. Beaucoup de participants sont endormis. Des odeurs nauséabondes montent des corps, je crois. Je suis restée blottie contre ma sauveuse, presque allongée sous elle, saoule. Elle a vomi, j'en ai reçu mais je n'ai pas bougé. Finalement, je crois que personne ne m'a touchée, mais je n'en suis pas sûre ! Doucement, je rampe vers la porte, un couple est allongé devant, je tire sur la poignée, ils maugréent mais se déplacent suffisamment pour que je réussisse à entrouvrir. C'est suffisant. Je m'éclipse et je cours vers chez moi. Je m'enferme dans la salle de bains. Quelques heures plus tard, Annie m'appelle dans le salon, elle me demande si je me suis « bien amusée », je dis que oui et je fonce dans la chambre. Mais elle me suit et pose des questions précises sur ce que j'ai fait. Je reste vague, je dis que j'ai fait ce qu'on m'a demandé, que les gens ont été gentils, surtout la fille, et aussi que j'ai dansé, comme les autres. À cet instant, je ferais n'importe quoi pour qu'Annie sorte de la chambre. Le soir, elle m'appelle de nouveau au salon et elle me cogne. Elle a vu ses « amis » et appris que je n'ai pas été « active » :

« Tu ne sais pas t'amuser, tu n'es pas drôle, tu gâches ma vie. »

Désormais, chaque jour, en plus d'être battue, je crains d'être « forcée de caresses », c'est le terme qui me vient alors pour définir l'agression particulière consistant à être touchée par des adultes à des endroits particuliers. Pour autant, si Annie continue de s'ébattre avec ses amants ou Mouloud devant moi, il n'y aura plus d'« expérience » du type de la chapelle. Il faut dire qu'il me reste peu de temps à vivre à Mauguio. Par la suite, je me demanderai si cet aspect de mon « éducation » pouvait relever d'une sorte d'héritage « culturel » post-soixante-huitard. Je lirai *La familia grande*[8] et j'y retrouverai, par exemple, des points de contact avec mon expérience dans la gêne des enfants face à la nudité, même « neutre » des adultes. Mes psys, mes amis et mon co-auteur me disent que c'est une manière de déni d'une réalité qui est plus horriblement limpide : j'ai été victime de ma première agression sexuelle. Et c'est Annie qui a organisé cette agression. Ma mère.

Après cette date, elle prend un amant régulier. Je ne l'aime pas. « C'est Beny », nous dit-elle un jour, comme une évidence. Je le reverrai des années plus tard, par hasard, il me reconnaîtra. Ce n'était sans doute pas un mauvais homme.

Quand Mouloud rentre le week-end, les choses se calment pour moi, mais ils se battent entre eux. Elle prend des coups et elle en donne beaucoup. Un jour, il casse la télé, un autre elle jette des assiettes contre le mur. Une fois, elle jette des journaux enflammés dans le salon, le feu se répand, ils paniquent, se réconcilient le temps d'éteindre les flammes puis recommencent à se bagarrer. Quand ils sont épuisés, Mouloud décide d'aller se doucher. Elle le suit et lui plante un couteau dans le bras. Il hurle. Il y a du sang partout. Les voisins arrivent, puis la police, appelée par les voisins. La police les emmène tous les deux et nous, on va dormir chez les sœurs, à l'école. Nous y restons plusieurs jours, je crois, puis un soir, une sœur nous ramène chez nous. Il y a la voisine et une policière. On nous demande de préparer une petite valise car nous allons à la DDASS. Je ne sais pas ce que c'est mais tout le monde a l'air bien triste.

---

8. *La familia grande*, Camille Kouchner, 2019, Seuil. Le livre raconte l'expérience des violences sexuelles subies par le frère de l'auteur, infligées par le politiste Olivier Duhamel.

C'est la fin de 1984 ou le début de 1985. Non, c'est 1985, puisque, quelques jours plus tôt, Pépé est venu pour Noël. D'habitude, personne ne vient pour Noël, mais cette fois je suis gâtée. Pépé m'offre une maison de bois qu'il a fabriquée lui-même, avec des petits meubles et de petites poupées à l'intérieur. J'en rêvais. Le soir, ma mère ouvre ses cadeaux et trouve un joli sac de cuir, style 68. Je dis gentiment :

« Il est beau. Quand je serai grande, je voudrais le même.

Sa réponse me blesse :

— J'ai attendu trente ans pour l'avoir, tu attendras au moins autant. »

Son ton est méchant. Elle pense peut-être que je vais le lui voler. Elle m'accuse souvent de lui voler de l'argent. En réalité, elle en planque un peu partout, surtout dans le grand tiroir de la salle de bains et au fond du buffet de la cuisine. Mais elle oublie. Il arrive qu'elle en retrouve par hasard. Le mois dernier, je lui ai effectivement volé de l'argent. J'avais faim et mes chaussures pour aller à l'école étaient complètement percées. Je marchais presque pieds nus. La honte de commettre une mauvaise action fut moins forte que celle d'affronter mes camarades aux souliers en bon état.

Je lui ai fait un cadeau. J'en suis très fière. C'est un livre, *Les Misérables*, de Victor Hugo, une édition illustrée. Je l'ai eu comme prix à l'école. Je l'aime beaucoup, c'est mon premier prix et j'adore lire. Je le lui offre parce que j'y attache de la valeur. Elle le jette à la poubelle en disant : « C'est de la merde, tu ne l'as pas payé, ça ne vaut rien. »

La DDASS, c'est un vieux manoir. Mes sœurs sont dans une aile et moi dans l'autre, c'est une question d'âge. Je suis contente que mes sœurs soient réunies mais je vis très mal d'être séparée d'elles. Il y a des heures où j'ai le droit de les voir, l'après-midi. Au quotidien, on se lève tôt, on prend le petit déj', on débarrasse. On m'explique que tout le monde doit participer, je trouve que les enfants participent beaucoup, quand même. Je mange pour ne pas mourir de faim, je mettrai des années pour cesser de me nourrir par nécessité, sauf quand il y aura des quenelles, ou du steak purée dans ma plus tendre enfance (le goût m'en passera en Algérie) et, de toute façon, à la DDASS, il n'y en a jamais. Avec mes sœurs, on va en classe dans le même bâtiment. Moi qui adore l'école, je n'aime pas celle-ci. Nous sommes trop souvent laissés seuls et le chahut me fait peur. Les classes sont mixtes mais pas les dortoirs. On est trois ou quatre par chambre. Au bout de quelques semaines, on m'envoie dans une famille d'accueil. Ils sont gentils mais je me renferme complètement. Je réclame mes sœurs. La dame me dit que c'est impossible qu'elles soient avec moi. On sépare les enfants, c'est la règle. Encore aujourd'hui. Au fond du jardin passe une rivière. Je vais m'y baigner souvent. C'est mon seul plaisir. Pour le reste, je me morfonds. Par conséquent, on me ramène à la DDASS. La famille était gentille, mais j'imagine qu'ils se sont dit que j'étais vraiment trop triste. Je suis heureuse de retrouver mes sœurs. Même si nous ne vivons toujours pas ensemble la majeure partie du temps, nous sommes dans la même grande maison.

La nuit, les chambrées sont fermées à clé. Je dis que je dois me lever souvent pour faire pipi mais « cela n'a pas d'importance, c'est pareil pour tout le monde ». On me donne un seau pour la nuit. Au matin, quand les portes s'ouvrent, je vais vider mon seau dans les toilettes et je le rince.

Un jour arrive un événement que nous imaginons joyeux et qui tourne au drame : l'une de nous va être placée dans une famille. Depuis quelques jours le bruit court, et tout le monde dit que la famille est belle, riche et grande. Quand la maman et le papa viennent pour emmener notre camarade, nous sommes tous en bas, sauf celle qui devait être adoptée. Une éducatrice monte la chercher. Elle crie. Notre camarade s'est pendue. On se précipite. On l'aperçoit. Mais on nous barre la porte. On nous empêche d'entrer. Je ne l'ai pas vue pendue. Le lendemain, on nous dit qu'elle est morte et on fond tous en larmes. Au départ, elle semblait pourtant ravie, c'est incompréhensible. Elle avait 15 ans. Quelques personnes ont tenté de nous dire qu'elle avait fait un malaise, qu'elle était morte du cœur... mais on sait qu'elle s'est pendue, même si personne ne veut nous dire qu'elle s'est suicidée. La chambre qu'elle occupait est fermée à clé, ses deux voisines de chambrée relogées.

Je crois que je découvre à ce moment-là que je veux mourir, moi aussi. J'y pense tout le temps. Je mettrai des années à concevoir l'idée de suicide, mais parfois, surtout après que ma génitrice m'a frappée, je monte sur le toit et je jette mes cheveux qui tombent par poignées à force d'avoir été tirés. Je rêve que je tombe avec eux. C'est mourir. Et puis un jour, nous rentrons à la maison de Mauguio, et Annie et Mouloud sont là. Je ne sais pas ce qui s'est passé pour que nous soyons de nouveau chez nous. Je n'ai plus de souvenirs jusqu'au jour du départ. Ce jour-là, il fait un temps splendide et nous allons aller à la rivière. J'espère qu'ils ne se mettront pas tout nus. Nous nous baignons. Je suis contente. Au retour, je vois Annie qui fait des valises. Elle m'envoie dans la chambre. Je sens que quelque chose va se passer. Je demande :

« On fait quoi ?

— Ta gueule, tu pars, tu as ton passeport dans ton petit sac, tu dois y faire très attention.

— Je pars ? Où ? Pourquoi ? Avec qui ?

— Avec Mouloud, ta gueule.

— Et mes sœurs ?

— Elles partent aussi, ta gueule ! »

Je dis que je dois rester. Le 14 juillet approche, une copine a organisé une fête, nous l'appelons « la boum », je ne peux pas manquer ça ! « C'est comme ça et pas autrement, et fais attention à tes papiers, ne les donne pas à Mouloud. »

Tout va vite. Sans formuler clairement les interrogations dans ma tête, je me demande pourquoi je ne dois pas donner mes papiers à Mouloud. Et si ma génitrice se méfie de Mouloud, pourquoi l'autorise-t-elle à nous emmener ? Tout se bouscule. Je dis que mes sœurs, oui, mais moi je ne suis pas sa fille, pourquoi m'emmène-t-il ?

Je crois qu'à ce moment-là, je n'aime plus personne, ni mes parents, ni Mouloud, ni Pépé, ni Mémé. La DDASS a été comme un révélateur. J'ai seulement très peur pour mes sœurs. Je les appelle « mes bébés ».

D'habitude, quand je m'oppose comme cela, Annie me frappe, mais là elle m'embrasse ! C'est fou, c'est la première fois de ma vie qu'elle me serre dans ses bras. Cela m'abasourdit. Ils en profitent alors pour me charger dans la voiture. La sécurité enfants est enclenchée, je le sais parce que j'ai essayé d'ouvrir, mais par la fenêtre conducteur Annie s'adresse directement à moi :

« Ça va aller, tu fais bien tout ce qu'on te dit. »

Je ne comprends rien, pourquoi est-elle gentille ? Qu'est-ce qui se passe ? Mouloud prend les affaires des petites qu'Annie lui tend, il les jette à l'arrière. On démarre. Je résiste encore, je pleure, je hurle, je donne des coups dans le siège avant. J'espère que cela va attirer les voisins mais personne ne vient, ils sont habitués. Je finis par me calmer. À bout de force, je m'endors. Je me réveille à Marseille, au port. On embarque sur un ferry. Un douanier demande mon passeport. Je dis non, on m'a dit de ne pas le donner. Mouloud insiste :

« Donne ton passeport !

— Non.

J'ajoute :

— Ce n'est pas mon père, je ne veux pas partir avec lui.

Le douanier fait comme s'il n'entendait pas. Mouloud dit :

— Écoutez, c'est une morveuse, si vous voulez, j'appelle sa mère, elle vous dira qu'elle doit partir avec moi. »

Moi je dis que le téléphone, cela ne prouvera rien… je sais déjà que s'ils appellent Annie elle dira que je dois partir. Je veux semer le doute dans l'esprit du douanier. Je n'ai pas conscience qu'on m'enlève. Je ne veux seulement pas partir. Le douanier finit par dire :

« Ah oui, dites donc, c'est une sacrée morveuse, passez et vous me ramenez son passeport plus tard. »

On passe. On gare la voiture. On va vers une cabine. Mouloud essaye de m'attraper, je m'échappe, il me rattrape. J'ai peur qu'il me frappe. Il finit par m'arracher le passeport. Je pleure encore. Il m'enferme dans la cabine avec mes sœurs. Je suppose qu'il va voir le douanier. Quand il revient, il refuse de me rendre mon passeport. Je dis que je veux appeler Annie.

« On ne peut pas, on est en mer, on l'appellera en arrivant. »

Je ne sais même pas où on va.

4.
Tous les parents sont des traîtres

« Les bleus de l'âme ne se voient pas, cela ne les empêche pas d'être douloureux. Et criminels, car ils sont bien infligés dans le but d'anéantir l'autre. »

Ariane Calvo, *Le Décodeur des violences psychologiques*, Éd. First, 2019.

« La garce ! » Je lis et je relis en détaillant les mots, mais le sens général peine à se frayer un chemin, à travers ma rage, jusqu'à mon cerveau. C'est arrivé ce matin après plus de quinze ans d'attente. Le jugement de condamnation de Mouloud délivré par le tribunal de Montpellier en date du 30 juillet 1986, pour « non-présentation d'enfant, enlèvement de mineur sans fraude ni violence ». Enfin quinze ans… Disons que j'ai parfois cherché sans chercher, disons même que je n'ai pas toujours voulu savoir, ou que j'ai cru que ma reconstruction passerait mieux par une tentative de détachement complet du chaos de ma vie. Et puis quand même, l'an dernier, plus par habitude qu'avec espoir, j'ai relancé le service des archives du ministère de la Justice qui m'avait plusieurs fois répondu par le passé que le jugement n'avait « malheureusement pas été numérisé à temps » ou que

« le déménagement du service avait provoqué la perte de tant de dossiers ». Et ce matin c'est arrivé, parce qu'il faut bien que cela arrive un jour ! En fait, j'ai demandé l'ensemble des jugements qui pourraient concerner mon « cas », sans autres précisions puisque j'ignore encore tant de ma vie ! Cela pouvait concerner Mouloud, ma génitrice ou mon père biologique ! Je partais d'une certitude – mon rapt a été « validé » par la justice française – et de deux probabilités, Mouloud m'a plusieurs fois affirmé qu'il avait fait de la prison à cause de moi, et mon père biologique, lui, en a fait vers l'année 1975. J'attends encore confirmation du jugement sur le cas de mon père biologique, et même sur le fait que Mouloud ait physiquement séjourné en prison ou pas. Mais le jugement coté aux archives 2529W200 est la première pièce officielle qui me soit fournie. Et il va à l'encontre de toute logique, de toute mon histoire, de toute justice puisque, s'il fait bien de Mouloud un coupable, il désigne comme victime ayant droit à un dédommagement de 10 000 francs… ma génitrice !

Quelle colère. Dans les attendus, je lis que Mouloud est coupable « de n'avoir pas, à Mauguio, représenté, fin juillet, courant août, Fleur et Rose, enfants mineurs à Annie V., qui avait le droit de les réclamer en vertu d'une ordonnance rendue le 16-01-1984 par le tribunal de grande instance de Montpellier ». Me concernant, mon beau-père est également déclaré coupable « d'avoir dans les mêmes circonstances de temps et de lieu, sans fraude ni violence, enlevé la jeune S.[9] mineure comme étant née le 11-07-1974, âgée de moins de 18 ans ». Ils se sont même trompés sur ma date de naissance. Je suis née le 11 août ! Est-ce que quelqu'un pourrait utiliser cela contre moi ? Ça y est, je deviens

9. S. figurait sur mon livret de famille associé à Marie-Claire. Je l'ai fait ôter. J'ai du mal aujourd'hui à même le prononcer, tant il représente pour moi les années du rapt.

parano… Mais il y a de quoi ! « Sans fraude ni violence »… alors que j'ai hurlé au douanier que ce n'était pas mon père, que je ne voulais pas partir, que Mouloud m'a forcée à me taire, qu'il m'a contrainte et séquestrée dans la cabine… Bien sûr, le tribunal l'ignorait sans doute, mais alors qu'est-ce qui les autorise à certifier qu'il n'y a eu ni fraude ni violence ?

Dès ma première lecture, j'ai appelé Anaïs. Cela m'a soulagée de partager cela avec elle. Anaïs est pénaliste, inscrite au barreau de Lyon, diplômée en criminologie et victimologie. Elle est l'avocate de l'association et s'est montrée précieuse pour réviser les statuts et préciser le positionnement juridique de ThéraVie ARP-APA anti-RPicide. Elle a été bienveillante et sensible à mon histoire évidemment, mais elle n'a pas été surprise quand je lui ai dit que Mouloud m'avait enlevée sans difficulté : « Le problème, tu sais, c'est que, même si la loi reconnaît que l'enfant est discernant à partir de 7 ans, on l'écoute peu. » C'est bien pour cela que ThéraVie ARP-APA anti-RPicide entend mettre l'enfant au centre de la tragédie, et ça commence par l'imposition du terme « rapté » « qui n'a aucune valeur juridique, m'explique Anaïs, mais c'est important de l'utiliser pour qu'on comprenne que le kidnapping d'un enfant ne se termine pas quand on le retrouve, "rapté" est un statut qui donne un contexte et qui suppose un suivi psychologique et social, une prise en considération de la permanence de sa souffrance dans la durée ». Oui, kidnappée, j'ai cessé de l'être en 1995, « raptée », je le suis à jamais.

Le jugement précise ensuite que Mouloud ne s'est pas présenté et qu'on n'est pas sûr qu'il ait pu avoir connaissance de la convocation. Mais le meilleur est pour la fin : outre les dépens, Mouloud est condamné à payer la somme de 10 000 FF à Annie V., constituée partie civile. Pas un mot qui nous concerne nous, enfants raptés. Pas un mot qui esquisse une tentative de sauvetage, ni même une pensée…

Je ne suis pas vraiment surprise, au fond, de la duplicité cruelle d'Annie, faisant porter toute la responsabilité de l'enlèvement à Mouloud. Je sais, pour avoir fait des recherches dans les archives de presse, que ma génitrice contactera aussi l'association des Mères d'Alger, qui regroupe de nombreuses mères d'enfants raptés, elle, qui a fait kidnapper son enfant, à côté de femmes dont on a kidnappé les enfants… Je découvrirai même une photo où elle figure à côté de mamans réclamant la libération de leurs enfants. Je ne suis pas vraiment surprise mais l'idée, plus ou moins conscientisée, qu'elle ait gagné de l'argent en me faisant enlever me donne la nausée. Alors je vais vomir en pleurant de rage. Puis je repense à mon arrivée à Alger.

Alger, été 1985

C'est le début de l'été. La ville blanche a chaud. Je regarde mes sœurs, elles semblent heureuses, la traversée les a amusées. Moi j'ai 10 ans ; même si je n'imagine pas le calvaire qui m'attend, je comprends qu'il se passe quelque chose d'inquiétant. En descendant du bateau, nous nous rendons à l'appartement de Mouloud, à Telemly, juste au-dessus du consulat de France, mais nous n'y restons pas. Direction Palm Beach. C'est le quartier des belles résidences côtières, beaucoup d'hommes d'affaires et de politiciens y résident. La maison où nous arrivons appartient à Mousse, celui de Bangkok. Je découvrirai qu'ils sont aussi propriétaires d'un bel appartement sur le boulevard Mohamed-V… précisément celui où je me souviens avoir séjourné avec Mouloud après la Thaïlande. Je n'ai pas tout de suite reconnu Mousse, mais je reconnaîtrai l'appartement, et le lien s'opérera avec mon précédent séjour. Reste que mon esprit d'enfant a du mal à déterminer si c'est une bonne ou une mauvaise nouvelle que nous soyons chez Mousse.

Nous sommes là, mes sœurs et moi, assises à une table de la terrasse. Il y a Mouloud, Mousse, son épouse, ma « tante » Kima, leurs enfants et plein de « cousins ». Je ne connais personne ou presque. La villa en pierre est immense et belle, il y a une piscine devant la terrasse, et les jardins descendent vers une plage privée. Sur le toit plat de la maison, il y a des pergolas et des parasols. Je ne sais pas pourquoi, mais je m'imagine qu'on y dort, l'été. Dans un coin du jardin, je vois des hommes qui s'affairent autour d'un brasier, un méchoui tourne sur la broche. Mouloud veut m'emmener faire une promenade sur la plage. Je refuse, il insiste. Je dis que je veux emmener mes sœurs. Il refuse, j'insiste. Je cède. On ne prend pas de serviettes ou de parasols, on ne va donc pas se baigner, de toute façon, ce serait incongru. J'ai un chapeau et mes sandales vertes. À peine avons-nous posé le pied sur le sable que deux hommes viennent à notre rencontre. Je comprends qu'ils connaissent Mouloud. L'un des deux me regarde avec insistance. Il me fait horreur. Il ressemble à un clochard, avec ses cheveux hirsutes et ses vêtements déchirés par endroits. Avec un ton que je trouve brusque, cet homme dit :

« Qu'est-ce que vous foutez là ? Je t'avais dit de ne jamais plus la ramener ici ! »

Quoi ? Je ne devrais pas être ici ? Ça tombe bien, moi aussi je veux m'en aller ! Mouloud intervient :

« C'est ton père. »

Pour moi c'est la première fois que je le rencontre, je ne fais pas le lien avec l'homme que j'ai vu lors de mon premier voyage.

En le regardant, je pense à Annie qui me répète : « Tu es folle comme ton père. » J'ai peur qu'il me rende folle. Je ne veux pas qu'il me touche. Mouloud insiste :

« Tu sais, ton père c'est mon ami. »

Peut-être veut-il être gentil mais cela m'embrouille encore plus : comment ont-ils fait leur affaire s'ils sont amis, que cet homme est mon père et que je vis avec Mouloud ? Je me bute et dis d'une voix si ferme qu'elle me surprend moi-même :

« Je m'en fous de tout ça, je veux rentrer chez moi en France. »

Mon père est calme, il dit qu'il m'aime et que je suis sa fille, mais qu'il comprend. Pourquoi ont-ils organisé cette rencontre ? Est-ce que c'est cela, le but de notre voyage ? Est-ce qu'on va rentrer à Mauguio, maintenant ? Mais alors pourquoi avoir aussi emmené mes sœurs ? C'est Mouloud, leur père, pas cet homme sale. Nous quittons mon père et revenons vers la maison. Le méchoui est servi. Je me retourne. Mon père me regarde partir, j'essaye d'être naturelle sans avoir aucune idée de comment être naturelle dans cette situation. À la fin du repas, Mouloud et Kima, la femme de Mousse, m'entraînent vers la maison, je me braque. *Quoi encore ?* Mais je dois les suivre, encore une fois sans mes sœurs. On va dans le hall. Debout près de la grande glace, une femme âgée et un homme m'attendent : ma grand-mère, « la mère de ton père », précise Mouloud, et mon oncle, « son frère ». Je suis très froide. Je sais ce que sont une grand-mère et un oncle. Je ne veux simplement pas de ceux-là. Ma grand-mère se penche vers moi mais je m'écarte, je refuse de l'embrasser, elle ressemble à une sorcière. Je dis méchamment :

« Je ne t'aime pas !

— Laisse, maman, dit mon oncle, on s'en va, ce n'est même pas notre fille, c'est une sale Française et une pute comme sa mère. »

Je ne sais pas ce qu'est une pute mais je me doute que c'est une insulte. Je réponds quand même que je ne suis pas sale. Je me lave tous les jours, et le plus souvent au péril de ma vie. Ma grand-mère lui demande de se taire.

« Ça suffit, sa mère avait 14 ans, mon fils 26, c'est mon fils qui a fait du mal, et tu vois qu'elle me ressemble, et s'il le faut on fera un test sanguin, mais c'est notre enfant.

— Oui, on fera un test sanguin », dit mon oncle.

Et ils partent en me disant « à bientôt ». Je réponds : « Non, jamais. » On revient au méchoui.

Je cherche mes sœurs. Elles jouent dans le jardin.

Nous restons longtemps dans cette maison mais je n'ai pas la notion du temps, quelques semaines sans doute. Je ne lâche pas mes sœurs. J'ai le pressentiment qu'on va me les enlever. Mes cousins et cousines sont nombreux et gentils. Nous allons souvent jouer sur la plage. Je vis dans une sorte d'attente inquiète. Sans m'habituer, je m'adapte, je trouve des repères : la plage, les tartes aux figues que j'adore, mon lit à l'étage qui est confortable, Kima, qui est gentille.

Mon souvenir suivant, c'est Mouloud qui nous dit de nous préparer parce que nous allons rendre une visite à notre famille dans une autre ville. Nous allons à Annaba. Je ne veux pas y aller. Je trouve que notre famille est bien trop nombreuse. Et j'en ai marre de rencontrer des gens nouveaux. Avec mes sœurs, nous sommes installées dans la Mercedes grise de Mouloud. C'est une belle voiture. On va chez Hamdane, le frère de Mouloud. Cela me rassure un peu, mais j'ai à peine le temps de me tranquilliser que Mouloud m'explique que je dois aussi aller chez ma grand-mère, la mère de mon père de la plage :

« Tu vas rester la journée avec eux et je reviendrai te chercher. » Je refuse. Il insiste. J'y vais. Ils habitent un quartier résidentiel en bord de mer. Peut-être pour m'impressionner favorablement, Mouloud me dit qu'ils sont très riches :

« Ils ont aussi un appartement dans un autre beau quartier d'Annaba, qui est une très belle ville. »

Je pleure quand Mouloud me dépose, je veux remonter dans la voiture, c'est une vraie crise. Je hurle, je tape des pieds. Mouloud et une employée de la maison finissent par me faire entrer dans la maison par le sous-sol. On me monte à l'étage. Ma grand-mère est là. Elle tente de me calmer. Je bois de l'orangeade et elle me parle beaucoup. J'oublie aussitôt ce qu'elle dit. Elle me montre une photo de mon grand-père mort en 1979. Un étrange phénomène s'opère alors dans la petite fille que je suis ; je dis :

« J'ai déjà vu ce monsieur dans un rêve quand j'étais petite, il était dans un lit sous l'escalier et je lui ai donné une orange, il a souri et il l'a mangée et puis il s'est endormi et ne s'est jamais réveillé. »

Je rêve de mort depuis que j'ai 5 ans. À l'époque, j'avais raconté ce rêve à ma mère qui s'en foutait, mais ma grand-mère dit :

« Ton grand-père est mort comme ça, c'est ta cousine qui lui a donné l'orange, et puis il s'est endormi, le lendemain il est mort. »

Je reste choquée. Plus tard, je ferai des recherches sur la psychogénéalogie et notamment sur les phénomènes troublants du « syndrome d'anniversaire » ou des « loyautés familiales invisibles[10] », mais pour l'instant j'ai la peur rétrospective de mon rêve. Et surtout, je me dis que c'est forcément ma vraie famille puisque j'ai fait ce rêve.

10. Répétitions inconscientes d'actes, maladies, traumatismes, à travers plusieurs générations. Anne Ancelin Schützenberger, professeur de psychologie à l'université de Nice, est la plus grande spécialiste de psychogénéalogie.

Des choses se mettent en ordre dans ma tête. Je comprends que le monsieur sale que j'ai vu sur la plage et celui que j'avais vu une fois à Telemly, et qu'on m'avait présenté comme un ami de Mouloud, sont la même personne, mon père. Décidément, tout le monde me ment.

Nous entrons dans un grand salon où des gens sont réunis. Toute la famille est là, et le fait qu'ils soient venus pour me rencontrer ajoute à ma terreur. On ne déplace pas toute une famille pour un goûter d'enfant. C'est un événement. Je suis l'événement. Il y a des gâteaux, de l'eau à la menthe ; je me sens comme une poupée qu'on promène. Je le comprendrai vraiment plus tard, mais je perçois déjà qu'ils sont heureux comme quand on fête une victoire. Mais à ce stade, je pense encore que je vais rentrer très bientôt en France. Tout le monde parle français pour s'adresser à moi mais ils se parlent en arabe entre eux. Cela me gêne beaucoup.

Yemma me présente Noury, un autre oncle. Noury prend la parole et s'adresse directement à voix haute, tout le monde entend :

« Je suis ton tuteur, c'est moi qui vais t'élever, tu t'appelles S., tu es musulmane…

Je crie. Il hausse le ton :

— Ne me regarde pas comme ça. Ici, les enfants et les femmes ne répondent pas quand les hommes parlent.

Je réponds du tac au tac :

— Je ne suis pas musulmane et j'ai bien le droit de parler.

— Tu es la fille d'un musulman donc tu es musulmane.

Je hurle :

— Va te faire foutre !

Je sais ce que cela veut dire, Annie me l'a assez répété. Silence lourd.

— C'est très mal élevé, tu regretteras ça.

Ma grand-mère intervient :

— Ça suffit. »

En pleurant, j'explique que j'attends Mouloud qui a promis de revenir. Autour de moi on murmure. J'ai la sensation d'un piège. Évidemment, Mouloud ne vient pas. La nuit tombe. Je refuse de manger, je pleure sans arrêt. Ma grand-mère me dit que je vais dormir avec elle. On va dans sa chambre. Je refuse de m'allonger. J'ai peur de ne pas me réveiller. Je m'assieds sur le canapé comme quelqu'un qui attend. Je me rends compte que je ne sais pas qui appeler. Où joindre Mouloud ? Annie ? Je n'ai pas les numéros de téléphone, ni même les adresses exactes, et je ne sais pas y aller. Au réveil, je dis à ma grand-mère qu'il faut appeler Mouloud :

« Je dois rentrer chez moi.

Yemma me regarde avec un mélange de décision et de tendresse, puis prononce les mots qui résonneront en moi à jamais :

— C'est ici chez toi maintenant. »

5.
Le piège se referme

« La passion de la vérité et de la justice ne peut, sans se contester, accepter pareille supercherie. »
Frantz Fanon, « L'Algérie face aux tortionnaires français »,
El Moudjahid n° 10, 1957.

« Non, mais je ne vais quand même pas faire un livre sur ma mère ! » Voilà que je m'engueule avec mon co-auteur. Il trouve que je ne suis pas claire avec elle. Une mère, ce n'est simple pour personne, mais la mienne tient la dragée haute à toutes les Médée de l'enfer. Du plus loin que je me souvienne, j'ai conscience d'être une enfant non désirée. Mais de non désirée à battue, livrée à des hommes, affamée ou kidnappée, il y a une marge, non ? Enfant refusée dès le début de sa grossesse, j'ai été haïe au fil des échecs d'Annie, jusqu'à devenir le symbole et la cause de sa vie ratée. D'ailleurs m'a-t-elle vraiment refusée ? Il faut une volonté, une conscience pour refuser ! Elle m'a plutôt oubliée, espérant peut-être qu'un providentiel Saint-Esprit des gourdes la libère de sa tumeur comme une croûte mûre tombe d'un genou… Conçue sans doute dans quelque minable urgence biologique, j'allais bien disparaître comme j'étais venue, par hasard ! Bien sûr, elle avait entendu parler des faiseuses d'anges de Lons ou Dijon, mais ne risquait-elle pas l'enfer ? Et où trouver l'argent ? Et à quoi bon ! Et le temps passe… Je suis l'enfant du hasard et de sa sottise… et de l'absence de contraception efficace !

Je ne l'appelle jamais « ma mère », mais au plus dur de mon épreuve algérienne c'est quand même elle qui représente la figure de l'espoir pour moi. C'est vers elle que je rêve de revenir, à Mauguio. Est-ce que je suis tarée ? Peut-être, mais réponse insuffisante quand même. Pourquoi fait-on cela ? Depuis quarante ans ou presque que j'y pense, je crois que j'ai trouvé une piste : je n'avais pas le choix. Ce que j'endurais avec Noury était si violent qu'il me fallait une dose d'amour imaginaire au moins égale à celle de la violence de la situation pour le supporter. Et si je n'avais pas cette dose compensatrice, il fallait l'inventer. Inventer l'amour d'une mère le temps nécessaire à ma survie. Je n'y ai pas réfléchi, je n'ai pas « pensé » cette méthode de survie, elle s'est imposée à moi. Ma génitrice devait être la bouée mentale qui assurerait ma survie parce que je n'en avais pas d'autre. Est-ce qu'au fond ce n'est pas cela, ma revanche ? Est-ce que la haine d'Annie aurait pu remplir ce rôle ? Peut-être, mais à l'enfant de 10 ans que j'étais, l'amour a semblé plus simple, plus sûr. L'idéalisation de la figure maternelle m'a donc servi de planche de salut. J'ai dû aimer ma mère pour ne pas mourir en enfer. Je me souviens encore de la tête du premier psy à qui j'ai raconté cela… D'une manière générale, j'aurai plaisir, durant ces années terribles, à repasser dans ma tête, des heures durant, comme un baume sur ma douleur, les belles choses de France et les beaux moments passés avec mes tantes Irine ou Alice.

En revanche, je crois qu'il y a un rapport étroit entre mon épilepsie, mon COVID long, ma spondylarthrite ankylosante, et la certitude ancrée au fond de mon âme de n'être à ma place nulle part puisqu'au principe de ma vie on ne m'a pas voulue. Je dis parfois à ma *sister* Marine que je suis la muse malade de Baudelaire et qu'on verrait « réfléchis sur (mon) teint, la folie et l'horreur, froides et taciturnes ». « C'est grave relou », me répond-elle généralement. Récemment, j'ai appris qu'en plus de gènes immuables on transmet à nos enfants des allèles et des séquences nucléotidiques mutées… qui sont directement dépendants des influences, du contexte d'éducation, et que l'individu récepteur sera affecté positivement ou négativement selon qu'il aura reçu beaucoup d'amour ou beaucoup de torgnoles. Cela s'appelle l'épigénétique[11], c'est une science expérimentale « et c'est la merde, tu vois, parce que moi, l'amour… »

Ne pas avoir été désirée m'a mise biologiquement en danger.

Quand j'apprendrai, en 1996, que j'attends Laure, ma première décision, au-delà de toute rationalité, sera de foncer chez une psychologue d'association pour poser la seule question qui me noue les tripes : *Est-ce que je serai une mauvaise mère ? Est-ce qu'on reproduit fatalement ce qu'on a vécu ? Est-ce que je battrai mon enfant parce que j'ai été battue ?* La réponse est complexe, on le sait, mais à ce jour je n'ai jamais levé la main sur ma fille et à aucun moment de son existence elle n'a cessé d'être le cœur de la mienne.

C'est bien son rôle, à mon co-auteur, d'apporter un regard extérieur qui puisse fouiller les creux de mon âme et les vides de ma vie. Moi, je suis beaucoup trop près ! Il a raison, ma génitrice

11. Discipline de la biologie qui étudie la nature des mécanismes modifiant de manière réversible, transmissible et adaptive, l'expression des gènes sans en changer la séquence nucléotidique. En d'autres termes, ce qu'on transmet de non immuable, d'acquis, dans l'ADN.

est un personnage central de mon histoire. Elle est même celui autour duquel s'organisent la douleur de ma vie, mon jeu avec la mort et toute ma haine.

Mais mince, on ne va quand même pas faire un livre sur ma mère !

Après tout, son refus de mon existence me libère de ma dette de nature. Si personne ne m'a donné la vie, et d'abord pas Annie, alors je ne dois rien à personne, et d'abord pas à Annie.

Je peux donc attendre sereinement sa mort.

Annaba, l'été 1985[12]

Je regarde ma grand-mère avec tristesse :

« Mais non, chez moi c'est en France, avec mes sœurs et ma mère ; vous, je ne vous connais pas et je ne veux pas vous connaître.

Mon « vous » englobe tous les gens qu'on m'a présentés depuis que je suis arrivée en Algérie. Elle détourne le regard :

— C'est nous, ta famille, c'est Noury ton tuteur. »

Je suis complètement paniquée. Au petit déjeuner, je refuse de manger. Noury est présent, c'est lui qui prend la parole :

« Tu es Algérienne, musulmane, tu dois vivre au pays de ton père et dans sa maison, tu vas rester ici et tu ferais mieux de l'accepter tout de suite.

— Mais Mouloud…, dis-je.

12. Comme pour l'un des personnages du beau film de François Ozon (L'été 85), mon destin est mortifère.

— Mouloud est ton beau-père, il a trompé ton vrai père. » Et tous les deux de m'expliquer ce qu'est l'adultère et comment m'a mère l'a commis !

« Quand il est rentré chez lui, ils étaient dans le lit, ajoute Noury, et ton père les y a surpris, c'est une salope ! »

Dans le lit, donc. Et si Annie est une salope, il est bien logique que je sois une salope aussi. Yemma insiste :

« Ta mère et Mouloud sont horribles, ils te frappent, on le sait, ils sont mauvais pour toi. »

Je voudrais objecter que Mouloud ne me frappe pas régulièrement, même s'il est impulsif et brutal, mais j'ai déjà compris que cela n'aura pas d'effet.

Mille questions m'assaillent et je me sens quand même tiraillée, parce que c'est vrai que ma vie est dure à Mauguio. Est-ce que ce sera mieux ici ? Est-ce qu'on cessera de m'étrangler ? Et comment irai-je à l'école ? Et puis j'ai bien compris que ma « nouvelle famille » parle le français, mais tout le monde, au-dehors, parle arabe : comment je vais me faire comprendre ? Comment je me ferai de nouvelles amies ? Non, non et non ! Je ne veux pas rester ici. Et même si ma nouvelle famille m'aime, il y aura toujours dans ma tête l'idée qu'on m'a trompée, qu'on m'a volée, littéralement, on m'a volée à ma famille, toute pourrie qu'elle est, à mon village, mon pays, mon histoire ! Qu'est-ce qu'on construit là-dessus ? Comment je vais grandir avec ça ? La première question m'occupe encore aujourd'hui. La seconde, en revanche, a été réglée tout de suite : j'ai cessé de grandir dès le début de mon enlèvement. Quelques jours plus tard, mais je ne mesure pas bien le temps, Mouloud revient. Il tape à la porte, je suis heureuse qu'il soit là, mais ils le repoussent, il hurle. Je comprends qu'il est ivre, comme souvent. À travers les moucharabiehs du hall, je le vois retourner à sa voiture en titubant. J'ai un peu honte. Il s'assied au volant, puis il sort la tête par en haut – le toit de la Mercedes de Mouloud peut s'ouvrir ! – et crie : « Rendez-moi ma fille, je l'aime, je vais me marier avec elle et elle s'occupera de ses sœurs. »

M'épouser ? Mes sœurs ! Je les vois, elles sont assises à l'arrière, je fonce sur la porte, Yemma me retient, je donne des coups de pieds, elle crie, Noury me prend sous le bras et me projette en arrière. Ma grand-mère s'empare du téléphone et appelle la police. Une demi-heure plus tard, alors que je suis toujours dans le hall, gardée par Yemma, la police arrive et renvoie Mouloud. Elle ne l'arrête pas, même s'il est ivre.

Mon souvenir suivant, c'est la rentrée scolaire. Je pense encore que je vais rentrer en France, je dis sans cesse à ma grand-mère que j'ai mes affaires, mes amies, mon école là-bas… Mais Yemma m'explique que désormais ma vie est en Algérie et plus en France. J'insiste, et même :

« Je pourrais revenir vous voir pour les vacances. »

Non, j'irai à l'école française Pierre et Marie Curie d'Annaba et c'est tout.

Et puis un matin de septembre, Annie est venue. Ce souvenir ne s'est « reformulé » avec précision dans ma mémoire qu'en 2020, lors d'une séance de psy. Mais il est net désormais : j'entends sa voix dans le hall, je dévale l'escalier et… en une fraction de seconde et un regard de mépris, elle me fait passer de la certitude de rentrer en France à celle de rester là pour toujours, de la confiance à la détresse. Ça ne m'arrête pas pour autant, il faut que je rentre. Je cours vers elle et je veux l'embrasser. Ses mains se tendent, mais c'est pour me tenir à distance. Son geste est inoubliable. Sans dureté, il me dit non tout d'un bloc, immuablement non, non à ce que je suis, non à mon avenir, non à tout espoir. Non.

Elle s'enferme avec Yemma et Noury. Longtemps, je crois. Puis elle monte me voir dans ma chambre :

« Tu vas vivre ici maintenant, ils t'ont achetée. Tu es punie, tu n'avais qu'à pas raconter à la police, à la DDASS… tout ce qui se passe à la maison.

Je pleure. Elle est sur le pas de la porte, elle me regarde une dernière fois :

— Tu vas en prendre plein la gueule et c'est bien fait pour toi, c'est ta faute. »

Je ne sais pas s'ils m'ont « achetée », si Yemma a donné de l'argent à Annie, on ne m'en a plus jamais parlé. Ce n'est pas impossible, la famille est riche. Elle appartient à cette caste proche du pouvoir, qui, après la guerre, s'est délicieusement coulée dans les habits du dominant colonial. Elle est la bourgeoisie algérienne combattue par Frantz Fanon, celle qui a remplacé la bourgeoisie coloniale combattue par Albert Camus. Et, de ce point de vue au moins, l'indépendance a tout changé pour que rien jamais ne change.

Mais pourquoi est-ce ma faute ? Je vais y penser pendant quarante ans.

Après le départ d'Annie, je pleure beaucoup, mais je me souviens que je n'arrive pas à crier. Je suis anéantie, tétanisée.

Vendue, donnée, et même kidnappée… À ce moment-là, je ne mets pas de mots sur ce qui m'arrive. Il me faudra des années pour comprendre qu'Annie est, au minimum, complice du rapt. Encore aujourd'hui, si la part d'enfance en moi ne rejette plus la culpabilité de ses parents – comment faire, raisonnablement ? –, je cherche souvent à les comprendre à décharge.

Quand j'étais là-bas, c'était impossible, physiquement impossible, cela aurait même été contre-productif, les psys m'ont expliqué que cela aurait provoqué un effondrement psychique. Alors j'ai fait d'Annie cet îlot idéalisé de sincérité et de confiance, évacuant tout ce qui pouvait obscurcir cette vision, et évidemment son comportement violent, son désamour, ses excès. Quelle ironie, Annie devient ma mère après qu'elle m'a fait enlever.

Souvent, Yemma et Noury me disent que l'Algérie est mon pays, je réponds que c'est celui de mon père, mais pas celui de ma mère, ni le mien. « Je suis née en France », leur répéterai-je à l'envi dès que je découvrirai que cela les agace profondément.

Arrive la rentrée. On m'a donc inscrite au cours Pierre et Marie Curie, mais très vite, quelques semaines après le début des cours, Noury m'annonce que je vais aller dans une autre école. C'est une punition à cause de mon comportement, je pleure tout le temps, je ne veux pas faire ce que dit Noury, je m'enferme dans ma chambre, je dis des gros mots… Dans ma nouvelle école, personne ne parle français. Et moi je ne comprends rien, évidemment, donc on me met en CP alors que je devrais être en CM2. Comme en plus je suis grande pour mon âge, on me regarde, on se moque de moi, je suis « la Française assise au fond », « celle qui ne comprend rien ». Les enfants parlent arabe entre eux, et quand ils parlent français c'est souvent pour se moquer ou m'insulter. Je déteste cette langue. Je les déteste. Heureusement, un jour un professeur vient voir Yemma et on finit par me mettre dans une classe bilingue. Je me mets à bien travailler, surtout quand c'est en français. J'apprends aussi l'arabe, mais je refuse de le montrer à Yemma ou Noury. Un jour, je rentre à la maison avec un zéro à un examen de sciences en arabe ; d'habitude, les questions sont dans les deux langues, là c'est juste en arabe. Quand Noury vient me chercher (d'habitude, c'est plutôt un cousin ou un chauffeur qui vient, de toute façon je ne circule jamais seule), il me demande ma note, je dis : « J'ai deux œufs au plat ! », en montrant mon double zéro sur ma copie. Il me gifle très violemment devant tout le monde en criant que je dois respecter l'école, que je dois le respecter, lui, mon tuteur ! Je me défends en disant que je ne comprends rien, que c'était en arabe… je demande à retourner à l'école française, j'en reprends une.

Pourquoi Noury est-il devenu mon tuteur ? D'abord, parce que mon père biologique est déficient. Ses frères et Yemma disent qu'il est fou. Ils l'ont fait interner et le feront souvent changer d'institution.

Quand il obtient ce statut administratif officiel qui lui confère la responsabilité de mon éducation et, en pratique, le droit de vie et mort sur moi, Noury a 23 ans. Du haut de mes 10 ans, je le vois comme « un grand » mais, avec les années, je m'interrogerai. Je poserai même la question à Yemma :

« Pourquoi Noury est-il mon tuteur ? Pourquoi n'est-ce pas toi ? Ou Moufid, Azz ou un autre frère ?

— Il faut que ce soit un homme, c'est la loi algérienne, me répond Yemma, et Noury était le seul célibataire à ce moment-là. »

C'est faux, Moufid, l'avocat, n'était pas marié non plus. Je crois que Yemma a choisi Noury parce qu'elle pensait que ce serait plus facile de lui imposer son autorité à elle, la « mère », Yemma. Je crois aussi qu'elle s'est aperçue assez vite de son erreur, mais il était trop tard.

Noury est un jeune adulte, il étudie, lui aussi, il termine son diplôme d'ingénieur en pétrochimie et prépare sa soutenance. Tout le monde dit qu'il est intelligent et qu'il a un grand avenir dans la science. Quand il soutient son mémoire, l'année suivante, il reçoit la meilleure note et obtient une bourse pour continuer ses études à New York.

Mais (son) Allah n'a pas voulu qu'il en soit ainsi.

6.
Dans la folie de l'intégrisme

« Il faut passer par la nuit : se dépouiller de tout attribut extérieur, et supporter l'angoisse. »
Claire Marin, *Rupture(s),* Éd. de l'Observatoire, 2019.

Je vis avec la mort. Je l'ai longtemps souhaitée. Est-ce qu'il faut du courage pour mourir ? Aujourd'hui, c'est l'un des sujets que j'aborde fréquemment avec mon psy. J'ai toujours pensé mourir, toute petite, à cause des coups d'Annie puis de ceux de Noury, ceux des islamistes, de la police, puis de l'ulcère, du COVID… Et puis non. Aujourd'hui je crois que je ne me suiciderai jamais. Parce qu'il y a Laure. Pour Laure, et l'amour merveilleux qu'elle met dans ma vie. Et puis quand même il y a la vie, et elle est forte, plus forte que l'adversité sans doute… En Algérie, en revanche, j'ai souvent résolu de mourir. Sans passer à l'acte. Je crois que si j'étais restée je serais quand même morte. Suicidée ou pas. Chez moi, la mort est latente et défaitiste, sa présence ne crée pas l'urgence de vivre, que je sens pourtant au fond de moi. Elle surgit plutôt comme un mal de tête, puis s'en va. M'accepter et me comprendre est une entreprise de chaque instant. Un jour, en Italie, j'ai vu une phrase sur un mur : *Il silenzio uccide più della mafia*, « le silence tue plus que la mafia ». C'est ce qui s'est passé pour moi. Le silence a manqué me tuer tant de fois.

Je suis aussi experte ès douleur et souffrance… c'est mon sujet depuis quarante-huit ans. Ceinture noire. Ce matin, alors que j'essaye depuis vingt minutes de déplier mon bras gauche, j'écoute la philosophe Claire Marin disserter sur le sujet à la radio. Quand on est peu familier de la notion, c'est-à-dire quand l'expérience de la douleur couvre un spectre qui va du mal de dents aux souffrances fantasmées du jeune Werther, on confond aisément les deux. Pas moi. À la base, la douleur c'est physique, c'est du vocabulaire de médecin. C'est, dit l'OMS, « une expérience sensorielle et émotionnelle désagréable ».

La souffrance, elle, serait le produit de la douleur, ce qu'on ressent après, sur la durée. La douleur est ponctuelle, aiguë, temporaire, inscrite dans le présent, immobile ; la souffrance est vitale et sentimentale. C'est aussi l'avis de Montaigne, pour qui la douleur n'est souvent que la conscience qu'on en a. Conscience qu'un esprit fort et raisonné sera naturellement capable de maîtriser. Montaigne avait des peines de cœur et des calculs rénaux, cela fait mal mais personne ne l'a jamais enterré vivant.

Pour Marguerite Duras, c'est faux. L'auteur de *La Douleur* inscrit son concept dans la durée, à ce point qu'elle nomme « douleur » la recomposition, après la guerre, des souvenirs de son époux déporté, à partir de son journal quotidien. C'est donc une construction qui dépasse l'affect, c'est un artifice mobilisant l'entièreté du sujet, qui constitue sa douleur…

Je crois que la douleur mène à la souffrance, mais que la souffrance en continu constitue, à la couture de l'âme et du corps, une douleur nouvelle et ingouvernable, du fait même qu'elle abolit le temps.

Pour moi, le remède à l'expérience immédiate de la douleur a souvent consisté à sortir de mon corps pour l'observer dans son martyre. En psychologie cognitive, on l'explique par un échec de transmission d'information proprioceptive tactile et visuelle du corps, un champ qui recouvre les connexions synaptiques relatives à la perception de son corps par les muscles et les articulations. Le phénomène est même biologiquement localisé : il se situe au niveau de la jonction temporo-pariétale. Une activation soudaine et violente de cette zone du cerveau peut alors provoquer la création d'une réplique virtuelle de soi en dehors du corps. Le point de vue sur soi-même se décale et la vision se « démarque » de la perception corporelle, jusqu'à en fournir une perception figurée. En la matière, on s'est longtemps contentés d'explications spiritistes, religieuses ou ésotériques au phénomène, mais Charles Tart[13], un psychologue américain, a mis en place dans les années soixante la première étude quantitative sur le sujet. Conclusion : le phénomène connaît trois causes de déclenchement, la drogue, l'hypnose et une trouille extrême.

J'ai eu ma part de peur. La première fois que j'ai ressenti cet étrange détachement, c'était en France, chaque fois qu'Annie m'étranglait ; puis dans le train avec Mouloud quand la police nous a arrêtés ; quand le policier m'a cassé mon disque de Maya l'abeille sur la tête ; pas quand j'ai assisté à la scène de la chapelle, c'est bizarre, c'est le vide ; mais cela a repris quand Annie m'a poignardée. Et puis en Algérie, tant de fois…

13. Charles T. Tart (né en 1937), psychologue américain spécialiste des états de conscience modifiés, il est le père de la psychologie transpersonnelle.

Annaba, été 1985

Sans jamais consentir à rien et tout en réclamant sans cesse à Noury et Yemma de pouvoir rentrer en France, je dois admettre que les premiers mois de ma vie en Algérie ne se passent « pas si mal ». Yemma m'emmène souvent à la plage ou faire une promenade sur le front de mer. Chaque samedi, je vais au cinéma avec Noury et ses copains ; parfois mon cousin Raf est là aussi. Nous voyons beaucoup de films d'horreur, *Retour des morts vivants*, *Vendredi 13*, mais d'autres, également ; aujourd'hui encore, je revois chaque année *Out of Africa*, que j'ai vu là-bas pour la première fois. Nous allons aussi au restaurant, sur la Corniche, je découvre la cuisine algérienne, que j'adore, *mechwi*, couscous, *bourek*... Encore aujourd'hui, je cuisine ma propre *chekchouka*, un délicieux mélange de tomates, poivrons, oignons et œufs frais que je relève à la coriandre fraîche et au cumin. Laure en raffole aussi.

C'est une vie qui pourrait ressembler un peu à la France, mais en mieux, parce qu'Annie ne m'emmenait jamais ni au restaurant ni au cinéma. L'hiver est plus difficile. C'est mon premier hiver en Algérie. En plus du rapt et de la conviction d'être prisonnière, je dépéris physiquement. Mes premières allergies se déclenchent ; je ne supporte pas l'humidité et il pleut tout le temps. À partir de l'été 1986, la situation dégénère radicalement... Noury devient de plus en plus méchant. Il évoque souvent l'islam. Je ne comprends pas grand-chose mais j'ai peur quand il en parle. Et un jour je surprends une conversation en français avec son frère : « Pas question, je n'irai pas étudier chez ces mécréants », dit Noury à Moufid qui lui demandait s'il allait accepter la proposition de l'université de New York. C'est mon premier souvenir concret de la radicalisation de Noury. Il choisira de rester à Annaba, où il obtiendra immédiatement un poste au laboratoire national de recherche en physique-chimie. C'est un peu comme rentrer au CNRS à 24 ans par la grande porte ! C'est exceptionnel et évidemment dû à son rang de sortie, mais on saura plus tard dans la famille que cette consécration a été grandement rendue possible par les connexions de Noury avec de puissants réseaux, notamment parmi les islamistes de la région. Son engagement stipule qu'un certain nombre d'heures soient consacrées à enseigner au lycée local. Il occupe donc en parallèle le poste de professeur de physique-chimie dans un lycée d'Annaba, mais très vite il refuse aussi de travailler pour l'Algérie : « Ce gouvernement, ce sont aussi des mécréants. » Il dit souvent qu'il faut « ramener l'islam au cœur de l'université ». Ses frères et, surtout, sa mère Yemma le désapprouvent, mais ne s'opposent pas frontalement à lui. Sans que rien ne soit jamais formulé – au moins au début –, tout le monde sait que les « amis » de Noury sont puissants et dangereux. Peu à peu, il acquiert une sorte d'ascendant. Il installe son pouvoir sur toute la famille. Et d'abord sur moi.

À la fin de l'été, j'apprends aussi que je dois me voiler. J'ai 12 ans.

« Elle est pubère, elle doit se soumettre à la loi d'Allah », argumente Noury en présence de Yemma. En réalité, je suis pubère depuis un an déjà, mais je ne l'ai dit à personne. La semaine dernière, il l'a découvert. Yemma tente de s'opposer :

« Ça peut attendre, elle se voilera quand elle sera vieille comme moi, ou veuve ! »

Le voile de vieillesse est plus culturel que religieux, l'enjeu de soumission à l'homme y est aussi moins attaché car la femme, par son âge ou son veuvage, est supposée avoir acquis une sorte de prestige ou de respectabilité, c'est un foulard. Dans mon cas, je dois porter le voile car l'islam le réclame ! Et surtout Noury. La période qui s'ouvre à l'été 1986 est vraiment horrible. Comme tuteur, Noury seul a l'autorité légale[14]. Mais, d'une manière générale, il a désormais autorité sur la famille, il prend en charge la gestion des comptes et du personnel de maison, commande à tout le monde. Et je deviens – je m'en aperçois assez vite – un instrument de son pouvoir. Il sait que Yemma s'est prise d'une affection souvent lâche mais parfois sincère pour moi, il va en jouer. Ses frères ne me détestent pas non plus. Je leur suis plutôt indifférente. Ils ont chacun leur vie et ont peu de temps à m'accorder.

À cette époque, alors que s'impose déjà dans mon esprit l'idée d'une nouvelle et angoissante rentrée scolaire, je décide de m'évader. L'occasion se présente un après-midi. Les enfants des voisins jouent au cerceau dans la rue devant chez nous, et je demande à Yemma si je peux les rejoindre. Noury n'est pas là, elle accepte. Je rejoins mes camarades, sous la surveillance d'un chauffeur de Noury, qui reste devant notre portail. Je connais bien

14. Je ne connais pas les détails de mon « adoption ». En droit coranique, qui a cours en Algérie, l'adoption plénière est interdite, seule la *kafala* est possible. C'est une adoption religieuse qui n'emporte pas lien de filiation et exclut l'adopté du nom de l'adoptant – et de toute transmission, évidemment. La *kafala* peut être notariale ou judiciaire. Je crois que l'acte judiciaire, dans mon cas, n'a pas été complété car j'apprendrai en 2019 que ma « citoyenneté » algérienne ne remplit pas tous les critères. Pour autant, un tuteur légal est nommé dans tous les cas. En théorie, cette tutelle cesse de fait à la majorité de l'adopté, 18 ans dans mon cas (l'âge de la majorité en Algérie sera relevé à 19 ans en 2014). Je l'ignorais évidemment mais, de fait, sans papiers ni statut, je suis prisonnière avant comme après ma majorité. N.B. : avec d'autres modalités, la *kafala* est aussi le système qui a permis, pendant des années, l'exploitation esclavagiste des travailleurs étrangers au Qatar avant la Coupe du monde de football 2022. Comme moi, les esclaves du Qatar avaient aussi reçu l'interdiction de sortir du pays sans l'autorisation de leur « tuteur ».

mes petits camarades mais je ne joue pas souvent avec eux car j'ai rarement le droit de sortir. Ils me font fête, ils m'aiment bien, je suis « la Française ». À quelques mètres, leurs parents prennent le thé dans le jardin. J'ai apporté mon propre cerceau pour pouvoir m'éloigner tranquillement, je le lance donc assez loin et je cours après. Au coin de la rue, je me retourne : le garde ne m'a pas vue, les parents de mes amis non plus. Un petit cousin me regarde. Je crois qu'il comprend. J'abandonne le cerceau et je me mets à courir dans la rue perpendiculaire. J'ai un plan. De mon expérience de vie en France, j'ai retenu une leçon face au danger : je dois me mettre à l'abri sous la protection d'une autorité plus grande que celle de ma famille. Deux mots me trottent dans la tête : police et tribunal. J'ai l'expérience des deux. Comme les panneaux sont bilingues et que nous sommes proches du centre d'Annaba, je trouve rapidement un « commissariat », j'attends de découvrir un « tribunal » pour avoir le choix… Le voilà ! J'opte pour le tribunal à cause du souvenir de mon disque de Maya l'abeille cassé en deux par un policier. Je pénètre dans le bâtiment et je dis au garde que « je veux voir quelqu'un dans un bureau de secours ». Il rit. Je pleure, je supplie, je crie. Il m'emmène dans un bureau. J'attends un long moment. Je crois que je vais voir un juge en habit, un avocat, ou bien un policier.

La porte s'ouvre. C'est Noury. Il est aimable mais je sais que quand on sera à la maison il me frappera. Fin de l'histoire.

Après cette histoire, mes rapports avec ma grand-mère se refroidissent nettement. Elle se laisse convaincre que je dois être matée, ou au moins punie. Noury m'oblige à porter le voile en permanence. Normalement, on peut l'enlever à la maison quand il n'y a que des filles, mais j'ai plus de cousins qu'un personnage de livre d'Alice Zeniter, si bien que je suis voilée du matin au soir.

Noury m'emmène chaque matin à la mosquée. Les prêches auxquels j'assiste sont en français. Mais avant de partir, je dois faire le ménage de l'étage où je vis. C'est une règle à laquelle j'ai appris, à grands coups de ceinture, à ne plus me soustraire car mon tuteur vérifie méticuleusement buffets et lits après exécution. Je me lève à l'aube. En France, j'ai lu une version pour enfants des *Misérables*. Je me sens Cosette. Je suis une Cosette voilée.

Le 11 août, c'est mon anniversaire. On ne m'a rien dit mais je vois que le chauffeur et la cuisinière s'affairent. Une fête se prépare. Je suis sur mes gardes mais quand même contente. Je l'interprète comme une amélioration de ma condition, un petit retour en grâce, le signe que les choses s'arrangent… Un gâteau énorme, une montagne d'un mètre de haut au moins, trône au milieu du salon. Des invités arrivent. Durant la journée, on m'habille avec différents costumes traditionnels. J'ai les mains faites au henné. Je dois danser. Je porte notamment la robe « *quatifa* », velours bordeaux brodé de fil d'or. On m'explique que la ceinture porte des bijoux très chers, ancestraux. Tout cela coûte sûrement très cher, des centaines de milliers d'euros peut-être mais je ne sais pas. À plusieurs reprises, je croise le regard d'un homme. Il me fixe. Cela m'inquiète. Dès le début de l'après-midi, je me mets à détester cette fête. Je suis sûre qu'on me cache quelque chose. Plus tard, quand j'aurai 16 ans, je comprendrai que cette fête était celle de ma promesse à un homme. Il est là, mais je ne le sais pas. En fait, je crois que c'est mon anniversaire. Mais on m'a promise à Abdel X., Franco-Algérien ; c'est le fils d'une Française convertie, Genny, qui venait, je crois, de Normandie. Lui a fait plusieurs stages en Afghanistan.

À la rentrée scolaire 1986, je continue d'aller à la mosquée mais, pour que ma pratique religieuse soit compatible avec les cours de l'école, j'assiste désormais aux prêches du soir. Je ne veux jamais y aller, on m'y traîne violemment. Peu à peu, Noury m'interdit la musique et la télé ; la télé algérienne ne me manque pas. Pour le voile, mes cousins sont toujours là, donc je ne l'enlève jamais. Parfois je l'ôte sur un coup de colère, alors Noury me bat. Je continue de faire le ménage le matin avant l'école. Je comprends que c'est une punition car ils sont riches et il y a des domestiques. J'ai la pleine conscience qu'on veut m'humilier, me mettre en miettes.

À l'école, en revanche, ça se passe bien. À la fin de l'année, en juin 1987, j'obtiens même le premier prix francophonie. C'est peut-être pour m'encourager car je progresse dans toutes les matières, surtout quand l'enseignement est en français, mais mon niveau d'arabe s'améliore beaucoup, même si je me refuse toujours à le parler avec Noury et Yemma. Tous les parents sont invités à la remise des prix. Je suis fière et heureuse. Noury vient parce que Yemma insiste, mais c'est à contrecœur. Il est mal habillé, avec sa gandoura de la maison et ses claquettes bleues. Je crois que cela ne lui plaît pas que je sois honorée. Il devrait pourtant être content, puisqu'il me dit sans cesse de bien travailler et de montrer du respect pour mes maîtres, l'école, l'Algérie, Dieu… C'est à moi, je vais être appelée sur l'estrade, Noury me prend le bras :

« Tu es une musulmane, tu ne dois toucher personne, c'est péché, tu prends le cadeau et c'est tout. »

Ce ne sont que des mots, je suis habituée aux coups, à la violence, mais ces mots me font très mal. Ils me paralysent dans un moment de joie. Je décide de faire face :

« Ce n'est pas très poli ce que tu me demandes. »

Son regard est sanglant. On m'appelle, je marche au milieu de l'allée et j'oublie tout, les regards de mes camarades me font du bien. Certes il s'en trouvera pour moquer « la Française », la jalouser… mais c'est mon moment. Quelle que soit ma vie, quelles que soient les circonstances qui m'ont amenée là, je suis fière. Le directeur me remet un livre, il se penche vers moi et m'embrasse. Je m'y prête ostensiblement. Je souris. Je sais que la punition sera violente, mais je veux que cet instant où le monde est arrêté emplisse mon âme et mon corps. Le directeur dit quelques mots que j'oublie, mais je me souviens du mot « exemple », puis je redescends l'estrade et je rejoins ma place. Avant que je m'assoie, mon oncle se lève et me gifle. Je tombe par terre. J'entends une clameur autour de moi. Je suis sonnée. *Mon livre !* Je cherche mon livre… Le directeur s'approche et parle à Noury, mais c'est Noury qui hausse la voix. Le directeur remonte sur l'estrade et la cérémonie continue. Je serre mon livre et je pleure à l'intérieur.

Quelques semaines plus tard, arrive mon premier ramadan. Ma grand-mère n'est pas d'accord mais Noury insiste. Alors Yemma cache de la nourriture dans sa chambre et me dit que je peux y aller si j'ai faim mais je dois attendre que Noury ne soit pas dans la maison. Mais Noury m'attrape dès la première fois que je vais manger. Il défait sa ceinture et je comprends que ça va être terrible. Il me retourne et me fouette sur les pieds et les jambes et les fesses. Ma grand-mère arrive en criant :

« Elle a ses règles, elle a ses règles, elle a le droit !

Noury s'arrête, remet sa ceinture et dit :

— Elle devra rattraper les jours. »

J'ai très mal.

7.
L'enfant violée

« Nos corps sont les textes qui portent les souvenirs. »
Bessel van der Kolk, *Le corps n'oublie rien*, Albin Michel, 2014.

« Ça me gêne, je peux te parler des heures des coups, de la faim, des tortures ou de la trahison d'Annie, mais ça, putain, c'est dur. ». Je suis avec Olivier à la terrasse du Barlu, quai de Seine. J'aime bien les terrasses de Paris au printemps, tirer une chaise et « regarder la France qui passe » comme dans une jolie chanson de Gauvain Sers. Sauf qu'avec Olivier, on bosse. On aura même écrit la moitié du livre sur le canal de l'Ourcq ! Cela me gêne parce que ça touche au plus profond de mon être et que, quarante ans après, je n'ai aucune idée de l'ampleur des dégâts. Je n'ai aucune idée de l'ampleur des dégâts parce que je n'en ai jamais parlé, ou quasiment jamais, ou jamais parlé vraiment ! Il me revient une très touchante intervention de Corinne Masiero au micro de Sonia Devillers[15]. Elle parle dans sa langue à elle, si puissante et délicate, de son expérience de l'inceste, de son long silence,

15. L'invité de « La Matinale », Sonia Devillers, 19 sept. 2022. Corinne Masiero revient sur le témoignage qu'elle donne à Andréa Rawlins-Gaston pour le film *Inceste, le dire et l'entendre*, diffusion France 3, 26 sept. 2022.

puis de l'oubli ou plutôt d'une forme d'amnésie traumatique qui refuse la réalité de la violence, puis de l'urgence d'en parler après le choc ressenti, par hasard, en retrouvant la photo d'un agresseur. Moi aussi j'ai enfoui. Moi aussi je me souviens bien mieux des coups dans la gueule que des caresses horribles. Mais moi aussi j'ai des photos…

« On n'est pas du tout obligés d'en parler, on oublie, si tu veux, propose mon co-auteur.

— Ben non, justement, on n'oublie pas, jamais. Alors peut-être que les choses qu'on n'oubliera jamais, il vaut mieux apprendre à vivre avec, non ?

— Oui, peut-être.

— Bon, imagine… »

J'ai 12 ans, j'ai été enlevée depuis un peu plus d'un an. Je suis couchée depuis quelques minutes. Comme chaque soir, j'oscille entre les larmes et la France… c'est-à-dire que je me cherche de belles pensées de mon passé pour m'endormir. Le plus souvent, je pense à la rivière au fond du jardin, aux cadeaux de Noël de mes tantes Irine et Alice ou aux crêpes de Mémé. J'évite de penser à mes sœurs, même si elles reviennent tout le temps. Durant toute ma captivité, je leur ferai de petits cadeaux, des poèmes, de petits bijoux, des vêtements cousus… que je cacherai dans l'espoir de leur offrir un jour. Noury entre dans ma chambre sans faire de bruit. Je me méfie tout de suite parce qu'il n'a pas l'air fâché. Et d'habitude il n'entre pas doucement. Il a un drôle d'air. Il s'approche.

Dès le début, à l'été 1985, j'ai détesté son contact. Il est visqueux et dangereux, comme un gâteau au miel avec des épines. Je déteste le miel. Entre les coups, il a souvent des moments de fausse douceur, des tentatives d'approche, des embrassades, des caresses… Je me méfie, bien sûr, mais sans référence affective, sans « expérience », j'ai pensé « qu'il essayait d'être gentil » ou « qu'on faisait ça aux enfants ».

Ma tentative d'évasion ridicule du mois dernier n'est pas oubliée dans la famille, mon périmètre de liberté reste très limité. Je vais à l'école avec un chauffeur. Il revient me chercher. Je ne joue plus dans la rue, mais dans le jardin, ici ou quand on va à la maison de la plage, on me laisse parfois toute seule. Je voudrais lire des livres en français, mais il n'y en a pas. Et je n'ai pas le droit d'aller en ville. Mon voile me serre toute la journée, j'ai de l'eczéma sur le front et je suis contente de l'ôter enfin. Mes moments de répit sont le soir, après le départ de Noury, parce que je suis seule. Ma grand-mère est une énigme. Parfois, je comprends qu'elle cherche à me protéger, et même à m'éviter quelques coups de Noury, mais quand je suis battue, la plupart du temps elle ne réagit pas. Elle ne s'oppose pas à Noury ; pourtant c'est son fils, elle pourrait lui dire de ne pas me frapper, non ? Elle dit qu'elle m'aime et que je dois bien travailler à l'école. Parfois, elle me parle d'Annie. Noury aussi, mais c'est pour me dire que c'est une pute française, et souvent que moi aussi. Yemma, elle, dit que ma mère peut venir me voir quand elle veut, elle n'est pas empêchée, mais c'est elle qui ne veut pas venir. Je sais que c'est plausible mais je dis que ce n'est pas vrai.

Ce soir-là, Noury a un drôle d'air. Presque gentil. Cela ne va pas du tout. Il s'assied au pied de mon lit :

« Je suis ton tuteur, tu sais, c'est mon rôle de te protéger du monde du dehors et des mécréants. Tout ce que je fais, c'est pour ton bien.

— Je sais, oui, je murmure, en remontant un peu la couverture.

— Et comme je sais que tu fais des cauchemars la nuit, je suis venu dormir avec toi pour que tu sois plus tranquille.

Je suis pétrifiée.

— Merci, là ce soir ça va, j'allais m'endormir. »

Il ne dit rien et s'allonge sur le lit. Il me prend dans ses bras par derrière. Je sens sa barbe dans mon cou et son souffle.

« Ça va, je dis, ce soir ça va… »

Il rentre sous la couverture.

« Non, mais vraiment ça va. »

Sa main est sur mes jambes, devant. J'ai peur de faire pipi. Mon cerveau ne fonctionne plus, comme si j'étais sur pause, dans une sorte d'attente infinie. Encore aujourd'hui je ne me remémore aucun détail, sinon qu'il me tire en arrière et commence à se frotter contre moi. Doucement ? Violemment ? Combien de temps ? Aucune idée, mais les mots résonnent encore en moi :

« Tu es le diable, tu le sais que tu es le diable. »

Mon Dieu, le diable ! Sans doute me caresse-t-il, il le fera plus tard, sans doute je tente d'échapper, sans doute me reprend-il. Mon souvenir redevient plus assuré : il me repousse violemment pour me regarder dans les yeux. Je veux regarder ailleurs, ne pas le voir, *s'il vous plaît…* Il me redresse et me serre aux épaules.

« Tentatrice, tu es une tentatrice. »

Il sort de la chambre en colère, après m'avoir giflée. Je mettrai des mois à intégrer intellectuellement ce qui s'est passé. Mon pantalon de pyjama est tout gras. Je ne sais pas ce que c'est qu'une tentatrice. J'imagine que cela doit être proche d'une pute française. J'ai peur qu'il revienne. Je ne m'endors qu'au matin. Le lendemain soir, il revient me border et il me touche encore. Il se met à passer de plus en plus de temps dans ma chambre. Il appelle cela « veiller sur moi ». Il me frotte. Un peu plus tard dans l'hiver, il commence à me caresser devant. Pourquoi une image plutôt qu'une autre s'imprime-t-elle à vie dans un cerveau ? Pour moi, ce n'est pas celle des intrusions, des violences ; étonnamment, l'image qui ne s'effacera jamais de ma mémoire, celle qui revient parfois à l'improviste à la terrasse d'un café ou au milieu de la nuit, c'est celle, puante et tellement physique, de Noury qui remet son slip.

« Ce soir de l'été 1986, c'était la première fois. Cela recommencera chaque fois qu'il l'aura décidé, c'est-à-dire presque tous les jours, entre mes 12 ans et mes 20 ans. »

C'est l'été et il fait chaud sur le canal de l'Ourcq, mais je frissonne.

Annaba, été 1986

De temps en temps, mon père biologique vient en visite dans la famille. On m'explique que c'est une sorte de « permission », comme pour les soldats. Mais on ne m'avertit jamais, d'ailleurs c'est souvent les jours d'école. Un jour, il arrive pendant le déjeuner, sans doute un dimanche. Il est très énervé, il crie :

« Mon frère est amoureux de ma fille, ça doit cesser.

Ma grand-mère baisse la tête, elle dit :

— Oui, Noury, ça doit cesser.

— Je veille sur elle, c'est mon rôle puisque tu en es incapable », dit Noury.

Je ne sais pas ce que répond mon père, Yemma me fait sortir. Je n'ai pas les mots, de toute façon. Après cette révélation devant tout le monde, Noury m'emmène dans le jardin, il me bat, je ne peux plus marcher pendant plusieurs jours. J'ai le visage énorme, je ne peux pas tourner la tête…

J'ai 15 ans. Je suis de plus en plus souvent malade. Moufid, un autre frère de Noury, me prend une assurance santé et je vais voir plusieurs médecins. On me fait des vaccins. J'ai souvent mal aux jambes, aux genoux, et je perds l'équilibre. Je suis tombée dans l'escalier de ma chambre et je me suis blessée. C'est Noura, l'épouse de Noury, qui m'a trouvée. Je ne l'aime pas. Noury et elle se marient vers la fin de 1990. Un jour, à la mosquée, on croise sa future et il me la présente. Je sais bien que ce n'est pas un hasard. Je ne sais pas pourquoi il fait cela. Comme si mon avis comptait.

Quand Noura me récupère, je ne tiens plus debout :

« Tu veux encore faire ton intéressante ! »

Mais dès qu'elle me lâche je retombe et là ils comprennent que quelque chose de grave est arrivé. Je pense que c'est à cause du soir, quand Noury se frotte. Peut-être que je suis enceinte.

Chez le dernier docteur, le plus fort, Yemma m'accompagne. Son cabinet est à l'hôpital. Je reste toute la journée. Je fais plein de tests de toutes sortes avec des fils branchés sur moi. À la fin de la journée, j'ai un RAA, Rhumatisme articulaire aigu. C'est une sorte de paralysie pas grave mais quand même sérieuse. On me dit que c'est à cause d'un « streptocoque ». Je brûle de demander si cela peut venir de ce que Noury se frotte, je n'ose pas, mais, pendant des années, sans avoir aucune idée de la forme ou de la consistance de cette « créature », j'associerai Noury à un « streptocoque », cela m'aidera. C'est un streptocoque de type A, il y en a beaucoup de différents. On s'en aperçoit parce qu'on mesure avec « l'ASLO », une chose, un enzyme je crois, qu'on doit avoir dans le corps mais on ne peut pas en avoir plus de deux cents, moi j'en ai huit cents. Tous les quinze jours pendant cinq ans, il faudra me faire une piqûre. Sur la boîte de la piqûre, il est écrit : 1,5 million d'unités de pénicilline. Au début, une infirmière vient à domicile mais, comme je m'évanouis, elle dira que c'est une responsabilité trop lourde pour elle et nous devrons retourner à l'hôpital. Chaque jour je dois aussi prendre un cachet à la maison, mais je le vomis souvent, à la suite de quoi j'attrape un ulcère à l'estomac. On retourne à l'hôpital. J'ai une perforation de 2 mm. Je dois prendre du Tagamet et de la Natisédine[16], c'est le traitement pour l'ulcère. Et je deviens allergique à des tas de choses, à commencer par les pollens. Je suis sans cesse enrhumée. Les allergies vont provoquer de l'asthme. Il faut me faire une « désensibilisation ». L'asthme s'arrête. Je prends aussi du Tranxène. Je ne sais pas que c'est un anxiolytique. Je m'endors tout le temps. À l'école, je suis tellement abrutie que je tombe, quelques semaines plus tard, durant un cours de français. Le directeur me demande si je prends de la drogue ! Cela me rappelle Mauguio et Annie ! Je fais le lien avec le Tranxène. Je décide de ne rien dire mais j'arrête le traitement. L'idée me vient qu'ils veulent aussi me remplir de médicaments pour me mettre à l'asile comme papa.

Je continue de demander à ma grand-mère si je peux retourner à Mauguio chez Annie. Je propose de nouveau d'habiter dans les deux pays... « Je viendrai vous voir aux vacances ! » Ma grand-mère répond qu'elle voudrait bien mais que « c'est Noury qui décide ». On regarde presque tous les jours des vidéos d'Afghanistan avec Noury. Il y a des hommes à cheval, un soldat moudjahid tout entouré de blanc. On lui tire dessus, il tombe et meurt, et son visage s'illumine parce qu'il va au paradis. Un jour, il y a une manifestation près de chez nous. Ce sont les amis de Noury qui ont gagné les élections[17] mais elles ont été annulées[18]. Noury veut m'emmener manifester. Je ne veux pas y aller. Yemma

---

16. Ce médicament, très dangereux pour le système neurologique, est aujourd'hui interdit.
17. Sur la montée du FIS et la décennie noire, Jean-Pierre Peyroulou a écrit *Histoire de l'Algérie depuis 1988* chez La Découverte, 2020. Le propos est complet et clair.
18. Beaucoup de scrutins locaux ont été remportés par les islamistes avant la victoire de 1990 aux législatives et à la présidentielle en 1991.

et Moufid lui disent que ce n'est pas ma place. Noury dit que ses frères sont tous des mécréants, surtout Azz, qui vient d'épouser une drôle de fille.

Un jour, Yemma dit à Noury :

« Alors tu souhaites la mort de tes frères aussi ?

— Oui, et de toi aussi, parce que tu es une mécréante. »

C'est à cette époque que mon hijab devient un tchador. J'ai 16 ans.

Je n'ai plus le droit d'écouter de la musique. Ni de sourire. Un jour Noury me voit sourire à une amie qui est avec des garçons à la sortie de l'école. Ce n'est pas de chance, d'habitude c'est le chauffeur qui vient me chercher. Le niqab, on l'appelle « le pare-brise ». Plus tard, quand j'irai à la fac, je quitterai la maison avec mais je l'enlèverai aussitôt puis je le remettrai avant de rentrer. Bien sûr, je continue d'aller à la mosquée. J'assiste à une bagarre. L'imam arrête le prêche. Beaucoup d'hommes arrivent. Noury va à sa voiture, revient avec des bâtons qu'il distribue à ses copains et ils battent un homme qui est allongé par terre. Les coups font un drôle de bruit mou. L'homme se replie, il ne crie pas. Noury, lui, hurle. Il demande à tout le monde de s'écarter, monte dans sa voiture, démarre, et roule sur le corps de l'homme. Je pense qu'il est mort. C'est mon premier mort. Sur la route du retour, Noury me dit :

« Tu as vu ? C'est ce qui t'arrivera si tu n'es pas une bonne musulmane. »

Je crois qu'on est en 1992. Une autre fois, Noury disparaît trois jours, je comprendrai plus tard qu'il a été arrêté par la police. Quand il rentre, ma grand-mère dit : « J'espère qu'ils t'ont assis sur une bouteille. » Je ne comprends pas. Des années plus tard, je lirai dans le beau témoignage d'Horria Saïhi que cette torture, héritée de la guerre coloniale (Djamila Boupacha[19], par exemple, en fut victime), était fréquemment utilisée par l'armée contre les islamistes dans les années quatre-vingt-dix. En rentrant, il a des marques de coups, mais est encore plus en colère qu'avant.

À la maison, les disputes sont fréquentes. Noury est du FIS, Moufid est FLN, Kadd, l'antépénultième de la famille, est même un fervent communiste ! Les déjeuners et les dîners, notamment, sont des empoignades dignes des films d'Arcady, la bonne humeur en moins, la peur en plus, car tout le monde craint plus ou moins Noury. C'est ainsi que Moufid s'achète une petite table afin de dîner dans son coin. Les autres frères de Noury sont aussi des ingénieurs dans le gaz, l'électricité et l'agronomie. Souvent les disputes dégénèrent et mes oncles se battent physiquement, avec les poings. J'ai peur. L'armée est tout le temps dans la rue. Cette imbrication du fanatisme et de mille autres comportements, règles de vie ou idéologies politiques, à l'intérieur même du village, du quartier ou de la communauté, c'est la règle en Algérie. Le terrorisme n'est pas de telle région ou de telle population, il se répand par métastases à l'intérieur même de la souche sociale algérienne, la famille. Dès lors, une ligne de démarcation est impossible à établir et le combattre devient une gageure. Évidemment, le monde occidental ne l'a pas compris, qui s'est acharné à distinguer sans nuance les bons et les mauvais. C'est

19. Djamila Boupacha, née en 1938. Militante du FLN, arrêtée, violée et torturée pendant des semaines, en 1960, par l'armée française, défendue par Gisèle Halimi, condamnée à mort puis amnistiée d'extrême limite en 1962 lors de la signature des accords d'Évian. Simone de Beauvoir publia un texte de soutien dans le journal *Le Monde* intitulé « Pour Djamila Boupacha » puis présida son comité de libération. Son procès est considéré comme le premier grand procès médiatique de l'après-guerre.

aussi comme cela au Moyen-Orient et, évidemment, le monde occidental n'y comprend toujours rien.

Un jour, j'ai 16 ans, je crois, Noury m'emmène visiter ma belle-famille. On me dit que je dois être fière d'épouser un grand guerrier, un combattant d'Allah. Je ne veux pas. Je dis :

« Je suis contre la guerre et la mort. »

L'entrevue se passe dans le jardin de mon promis. Il a un petit sourire qui me déplaît, je me sens comme un objet, un animal…

Sa mère, Genny, est Française, lui est Franco-Algérien. Elle me dit :

« Tu sais, on est riches.

— Je m'en fous, nous aussi on est riches », dis-je bêtement.

Elle m'emmène à l'arrière du domaine pour me montrer où on vivra. C'est une belle maison.

Dès qu'on rentre, je cours voir ma grand-mère. Noury m'a dit qu'elle était d'accord mais j'en doute. À moi, d'ailleurs, Noury avait juste dit qu'on devait passer voir un ami. À notre retour, Yemma demande :

« Vous étiez à la mosquée ?

— Non, chez un ami de Noury avec qui je dois me marier mais je ne veux pas », dis-je.

Noury lui dit que je suis promise, de toute façon. Et il évoque la grande fête, chez nous, en 1986 ! Je croyais que c'était pour mon anniversaire. Tout ce temps, j'étais promise à cet homme ! Ma grand-mère m'a plusieurs fois dit que je ne serais jamais mariée de force, comme on faisait aux filles avant. Mais, même si j'ignorais que j'étais promise, je connais cette pratique et je me doute bien que Noury y est favorable. Et comme il devient de plus en plus le chef à la maison… Je répète à ma grand-mère que je ne veux pas me marier. Yemma réussit à obtenir un compromis : je me marierai avec cet homme quand j'aurai fini mes études. Dans la famille, les filles aussi étudient, même si cela déplaît à Noury et ses copains. Je comprends alors que je dois faire de longues études. Je comprends maintenant pourquoi cet anniversaire était grandiose. Après 1988 et la radicalisation totale de Noury, mes anniversaires deviennent complètement « *haram* ». Je reste seule avec ma grand-mère. Je lui dis qu'elle m'a trahie, que je serai mariée de toute façon… Elle insiste : le seul moyen de repousser le mariage, c'est d'entrer à l'université, cela me donnera au moins un répit.

« Tu as deux possibilités, résume-t-elle d'un ton que je trouve cynique : tu l'épouses ou bien tu études. »

J'espère que Noury acceptera de patienter. Yemma s'enfonce dans le cynisme :

« Vois le bon côté des choses, si tu te maries à un guerrier, tu pourrais être veuve rapidement…

Elle laisse la phrase en suspens.

— Et je serais libérée ? dis-je.

— Mieux, sourit-elle. Toi, l'orpheline, tu hériterais ! »

À ce sujet, plusieurs fois, Yemma a dit à Noury qu'il fallait aussi assurer mon avenir au sein de la famille. « L'orpheline », c'est mon surnom dans la famille, mais Yemma ne l'utilise pas souvent. Je sais qu'elle a organisé quelque chose chez un notaire pour moi, mais Noury dit que cela n'a pas d'importance, c'est lui qui décide de tout. Donc Yemma me dit que je dois avoir un métier sûr pour me tirer d'affaires dans la vie…

Je suis décidée à étudier, même si je ne sais pas bien, vu ma situation, ce que pourrait être « se tirer d'affaires ».

D'autant que la vie se complique : je suis amoureuse !

8.
La vie avec la mort

« Aussi paradoxal que cela puisse paraître, la décision d'en finir avec la vie est une exigence de la vie pour échapper à une existence indigne, derrière les barreaux, dans un camp de concentration. »
Simon Critchley, *Lettres de suicide*, Max Milo, 2015.

Mon téléphone vibre. C'est Eileen, la maman d'Alia. Je l'ai contactée il y a plusieurs mois sur Instagram car l'histoire de sa fille est proche de la mienne. Alia a été enlevée vers l'Algérie par son père en 2016.

L'histoire a commencé banalement. Eileen est amoureuse, elle tombe enceinte, mais le futur papa la quitte. C'est un homme duplice qui lui a caché qu'il était déjà marié. Alia naît quelques semaines plus tard avec une malformation de la moelle épinière qui nécessite des soins, de l'argent, des déplacements fréquents… Seule, Eileen fait face avec courage pendant des mois. La situation stabilisée, elle décide de demander l'établissement d'un droit de garde à son ex-compagnon afin de pouvoir se chercher un travail. Eileen a une formation de comptable. Elle aime son métier. Mais cette régularisation effraie son ex, qui craint de devoir verser une pension alimentaire : « Il a complètement perdu pied, il a commencé à me harceler, à me faire du chantage, à venir voler des choses chez moi en mon absence… » Eileen appelle une avocate. Elle porte plainte. La situation se tend encore quand l'homme se rend coupable, de façon répétée, de non-représentation d'enfant. Après un « rapt » de plus d'une semaine qui se solde par une médiation d'avocats et un retour d'Alia chez sa mère, une opposition à la sortie du territoire est disposée. Morte de peur, craignant que son père n'enlève Alia « pour de bon », Eileen fuit à Annecy, chez sa mère. Pourtant, elle prend soin de laisser une adresse au père et une invitation à venir visiter Alia. « Surtout ne pas me mettre dans mon tort », pense-t-elle. L'ex accepte une visite. Cela doit se passer de jour, dans un café, il pourra passer du temps avec sa fille mais Eileen sera présente. Au rendez-vous, le drame se noue sur le parking. L'homme arrache Alia à sa mère, la jette dans sa voiture et s'échappe. Choquée, Eileen retourne à la gendarmerie, signale les faits et précise qu'elle craint évidemment que son ex n'enlève Alia : « Pas de précipitation, lui oppose le gendarme, on ne va pas paniquer pour rien, c'est son père, il a des droits, il va sûrement la ramener… » On lui refuse une nouvelle interdiction de sortie du territoire. Quelques heures plus tard, Eileen reçoit un SMS : « J'ai emmené Alia en Algérie. » Elle fonce à la gendarmerie ; cette fois on enregistre sa plainte mais personne ne sait où chercher Alia. Depuis, Eileen vit un enfer. « C'est d'autant plus triste qu'on apprendra plus tard qu'il n'est parti que quatre jours après m'avoir envoyé ce SMS, donc si on ne m'avait pas refusé la seconde opposition de sortie, on peut penser qu'Alia n'aurait pas été enlevée. » En 2019, son ex-compagnon est finalement appréhendé alors qu'il tente de revenir en France. Eileen apprend à cette occasion qu'il est déjà revenu plusieurs fois, au mépris de la plainte déposée. Jugé et incarcéré, il se contente de déclarer aux enquêteurs – qui s'en satisfont – que « [la] mère garde sa fille dans un lieu qu'il ignore ». Eileen s'est rendue plusieurs fois en Algérie, elle n'a jamais pu obtenir la reconnaissance de la décision de justice française. Elle a rencontré un frère de son ex-compagnon « qui a refusé de me dire où était Alia, et qui m'a fait comprendre que j'étais, moi, indigne d'avoir abandonné ma fille, mais je me doutais que mon ex avait raconté des histoires à sa famille, j'ai dit que je la cherchais depuis plus de quatre ans mais pour eux je ne suis pas digne de confiance, je suis une femme et Française, c'est perdu d'avance ». En France, la situation est bloquée, en Algérie aussi. Actuellement en prison, l'ex d'Eileen attend patiemment sa sortie prochaine pour rentrer en Algérie. « D'ailleurs il aura une OQTF[20], vu qu'il n'est pas Français, et j'ai très peur qu'on perde sa trace définitivement, et donc la trace d'Alia. »

Mépris de l'écoute des femmes, sous-estimation des violences, gâchis administratif, incompétence, méconnaissance des risques, lourdeur des procédures, délais interminables... L'affaire d'Alia est exemplaire[21] parce qu'elle laisse clairement l'impression que tout aurait pu être facilement évité. Et donc j'enrage, parce qu'elle dit qu'en 2022 le système ne fonctionne pas mieux qu'en 1985, quand j'ai été enlevée.

20. Obligation de quitter le territoire français.

21. La maman d'Alia tient un blog où elle explique en détail les procédures lancées, ses tentatives pour retrouver sa fille, mais aussi l'inefficacité des recherches, le manque de soutien ou de perspectives... www.affairealiabouklachiwordpress.com

Annaba, été 1990

Mon amoureux s'appelle Khalid. Il est notre voisin d'étage dans un autre beau quartier où la famille a un appartement. Nous allions à l'école ensemble, et souvent, le soir, nous jouions sur le palier avec Raf ; enfin, quand je pouvais sortir… Haya nous laissait faire, mais si Noury était là il fallait que je rentre. Pas question de fréquenter les garçons, même enfants. Aujourd'hui il a fait construire une maison au bord de la mer. Il est banquier et je l'aime encore. Sa sœur, Khalida, est Parisienne, je la vois de temps en temps.

Khalid vient souvent chez nous ; il me parle gentiment. Il est timide. C'est inexplicable ou presque mais je crois qu'on a eu un coup de foudre à 11 ans sans rien savoir de l'amour. Cela doit bien arriver de temps en temps, non ? Je comprends tout de suite son intérêt. Sans doute, moi qui n'en ai jamais reçu, suis-je mieux placée que personne pour reconnaître et accueillir la tendresse que m'envoie son regard. Quand je m'assieds sur le canapé, il prend souvent place à l'autre bout, un mètre au moins nous sépare, mais personne, alors il me semble que ce petit espace dépeuplé nous relie. Très vite, il y a de petits bisous. Et puis à 15 ans, un soir, cela devient plus sérieux. J'en ai un souvenir précis. Cela se passe ainsi : c'est la fin de l'après-midi, nous sommes chez Haya. J'ai su que Khalid allait y dormir. Cela arrive souvent après les matchs de foot ou bien quand ils doivent réviser des cours ensemble. Nous sommes sur le canapé, à un mètre de distance. Raf dit qu'il doit aller acheter un nouveau ballon avant la fermeture du magasin. Je sais qu'il ne se doute de rien. Nous sommes très attentifs car nous savons qu'il nous dénoncerait. Raf est un passionné de foot, il suit les matchs, surtout ceux du FC Annaba. Khalid met de la musique.

Je n'ai pas le droit normalement, mais quand on est entre nous on s'en fout. Il me demande si je veux danser avec lui. Je dis oui. Nous allons l'un vers l'autre, et c'est la première fois de ma vie que je suis si proche d'un homme qui ne me veut pas de mal. Je suis voilée. La musique m'envoûte, à moins que ce soit Khalid. Les deux. Peter Gabriel chante « Don't give up ». Aujourd'hui encore il ne se passe pas une journée sans que je l'écoute. Ce que je ressens au contact de mon ami d'enfance – quel drôle de mot pour parler de mon enfance ! – est un mélange de douceur et de confiance que je n'oublierai jamais. Et quand il repousse mon voile pour m'embrasser, c'est comme si je n'avais vécu ma toute petite vie qu'en attendant ce moment d'éternité. Nous avons l'impression de commettre quelque chose d'irréparable, et nous sommes maladroits comme dans un film d'Emmanuel Mouret, mais ce moment de plénitude m'enivre, même si je n'ai jamais bu d'alcool. Je tiens sa main. Il me regarde. C'est la première fois qu'il me voit sans voile depuis que j'ai 12 ans. Je pleure de joie, cela ne m'est jamais arrivé. Nous n'allons pas plus loin mais nous nous voyons de plus en plus souvent. Et, un jour, Yemma nous perce à jour. Je n'ose mentir, je confie *que Khalid est gentil et que je suis bien quand il est là*. Je crois qu'elle va se fâcher, peut-être même parler à Noury. Cela m'est bien égal d'être battue encore, mais on me privera de Khalid. Mais non, Yemma nous parle. J'ai l'impression qu'elle est contente, un peu, de partager quelque chose avec nous que Noury ignore : « Vous pouvez de là à là », dit-elle, en mettant sa main à plat sous son menton, « mais en dessous c'est interdit, pour *al-charaf.* » L'honneur, c'est son domaine, à Yemma, l'honneur de la famille, qui bat les femmes, ignore les crimes et enferme les cocus. En clair, cela signifie qu'on peut se faire des bisous mais pas se toucher plus bas que le menton. Elle ne le formule pas explicitement, le coran, *al-charaf* et mille autres lois l'interdisent – et l'honneur aussi sans doute –, mais nous comprenons, malgré notre gêne. On n'avait pas l'intention, enfin je ne crois pas... « Surtout, insiste Yemma, que Noury ne l'apprenne jamais. » Le lendemain, Yemma me désigne l'un des chauffeurs et me dit qu'elle lui a parlé, il nous protégera, nous emmènera en promenade, restera dans la pièce voisine quand Khalid vient, « à condition que vous respectiez les règles ». Je baisse la tête :

« Merci. »

Avec les années, cet amour n'a fait que s'affirmer. C'est pourquoi je me sens doublement trahie par la tiédeur de la réaction de Yemma quand elle apprend, ou feint d'apprendre, que Noury m'a promise à un combattant d'Afghanistan. Yemma n'ignore rien de mon amour. Je le lui rappelle tout de même :

« Tu sais bien que j'aime Khalid. »

Elle dit que c'est un problème supplémentaire et que ce garçon, qui saura évidemment bientôt que je suis promise, ne doit surtout pas s'aviser de venir demander ma main, lui aussi, parce que cela ferait un scandale avec Noury qui deviendrait sûrement violent. Mais je m'en moque, moi, de la violence de Noury ! Évidemment, j'en ai parlé à Khalid dès que j'ai pu m'isoler un moment avec lui au lycée. Il a décidé d'en parler à son père. Quelques jours plus tard, ils viendraient tous les deux demander ma main.

Le père de Khalid était un dirigeant important d'une grande entreprise gazière. Sa famille n'est pas aussi puissante que la « mienne », mais beaucoup plus libre. Ils boivent l'apéro, par exemple, sans se cacher. Chez moi, on le sait et on le leur reproche. Quand le père de Khalid appelle Noury, mon tuteur accepte de les recevoir mais il sait qu'il va refuser la demande. Moi aussi.

Ils viennent un soir vers 18 heures. Nous nous installons au salon. C'est Khalid qui prend la parole, cela ne se fait pas. Il dit qu'il m'aime et qu'il veut m'épouser. La veille, nous nous sommes vus, il est sûr qu'il peut convaincre Noury, qu'il n'y a pas de raison objective de refuser, que peut-être Noury posera des conditions mais il pourra s'y plier... C'est ce qui se passe. Noury lui répond qu'il est un mécréant, sa famille aussi, et que pour le convaincre de « commencer à réfléchir », il devrait adhérer au FIS et aller à la mosquée tous les jours. C'est évidemment impossible. Khalid dit qu'il est croyant à sa manière. Noury ajoute que je suis promise depuis 1986.

« Dans ce cas, intervient le papa de Khalid, pourquoi nous avoir laissés faire la démarche ? Cela n'a aucun sens.

— Simple politesse », répond Noury.

La situation devient inextricable et dangereuse. Et le ton monte très vite. Relancé sur la religion et sommé de nouveau d'adhérer au parti islamiste, Khalid répond qu'il ne sera jamais « du côté des égorgeurs ». Fin de la discussion. Noury les renvoie chez eux et interdit à Khalid de m'approcher. Après leur départ, Noury vient me voir dans ma chambre où je me suis réfugiée. Il ne sait rien de ma relation avec Khalid. Yemma ne lui en a pas parlé, j'en suis sûre, sinon j'aurais dérouillé depuis longtemps. Mais il est suspicieux, il veut en savoir plus. Alors que je pleure, il m'explique qu'il l'a laissé venir pour le convertir, comme c'est son devoir de musulman.

Je découvre que ma blondeur et mes seize printemps maudits sont bien convoités. Dès le lendemain, mis au courant sans doute par le téléphone arabe, voilà que mon cousin Raf et son père sonnent à la porte sans avoir prévenu. Noury reçoit évidemment son beau-frère, qui lui explique qu'il me demande pour son fils, que Raf me veut, et qu'il doit bénéficier d'un droit de priorité parce qu'il est l'aîné des cousins. Tragique vaudeville. De toute façon, Noury dit :

« J'ai promis, je ne peux pas revenir en arrière. »

Le père de mon cousin Raf est le PDG de l'entreprise qui emploie le père de Khalid, il propose de le renvoyer et même de lui couper l'électricité si Khalid « tourne encore autour de notre fille ». Il dit « notre fille » : j'appartiens à tout le monde sauf à moi-même. Au moins, cette fois, je suis soulagée qu'il ait refusé : chaque fois que je dors chez Haya, Raf vient me coller la nuit, un peu comme il fait lui, même si c'est moins... Cela, je ne l'ajoute pas, mais je dis quand même que « une fois je lui ai donné un coup de pied dans l'entre-jambes pour qu'il arrête ». Noury me regarde durement et dit :

« Il a fait ça parce que tu l'as sûrement provoqué », et il me bat. Yemma, alertée par mes cris, arrive dans la cuisine, je me réfugie derrière elle. Elle me protège, et Noury s'arrête, cela arrive parfois. Un peu plus tard, j'explique l'affaire en détail à Yemma, elle me reproche d'avoir parlé à Noury :

« Mais enfin, c'est toi qui m'as dit que Khalid ne devait pas me caresser, mais Raf, oui ? »

D'une manière générale, ma confiance en ma grand-mère s'étiole grandement. Je grandis. Je n'ai peut-être plus besoin du déni, je vois aussi ses lâchetés…

La semaine suivante, vexé, mon cousin Raf ira provoquer Khalid à la bagarre. Khalid, qui n'est pas un bagarreur, prendra des coups. Pour calmer le jeu, nous déciderons de moins nous voir. Sur le moment, cela m'a semblé une décision commune.

Et Yemma meurt.

9.
Évasion, tentation et tentatives

« Le lot de la femme supérieure c'est le désert absolu. Elle ne connaît de l'originalité que son fruit amer, la haine des autres, elle paie de la solitude sa révolte contre l'ordre social [...]. Quiconque est vraiment digne de liberté n'attend pas qu'on la lui donne, il la prend. »

Andrée Dore-Audibert et Annie Morzelle, *Révolutionnaires silencieuses au XXe siècle,* Éd. Kerdoré, 1991.

Azz, le frère de Noury, a vécu à Londres. Il a une fiancée là-bas et on dit dans la famille qu'il est revenu en Algérie en l'abandonnant enceinte. On dit aussi que le motif principal de son retour, c'est une bagarre dans un pub qui a dégénéré et au cours de laquelle il aurait tué un homme avec un couteau.

En Algérie, Azz s'est un moment assagi avant de refaire parler de lui en se mariant à la plus grande prostituée du quartier de Tête Rouge, le quartier des bordels d'Annaba. Quand Yemma m'a raconté à demi-mots le passé d'Azz – lui ne m'en a jamais parlé, et Noury non plus – j'ai pensé que c'était une belle ironie, pour quelqu'un qui ne voulait pas se marier et avait refusé une Anglaise, que d'épouser une putain algérienne. Azz a annoncé la nouvelle vers 1990, durant un dîner où toute la famille était réunie. Moufid s'est écrié :

« Mais tu es fou, on l'a tous baisée ! »

Cela a fait un conflit de plus à la maison, dont Azz a été exclu après une sorte de conseil de famille.

Azz continuera de voir sa mère une ou deux fois par mois, il vient la chercher, il reste dehors, elle sort, ils vont faire une promenade, elle rentre, il s'en va. Yemma elle-même refuse de voir sa femme et encore plus qu'elle s'installe dans la maison familiale : « Cette pute ne vivra jamais dans mes biens. » Cette pute débarque pourtant le jour de la mort de Yemma dans la maison familiale. Elle sourit. C'est le jour de la vengeance pour elle, et comme pour être bien comprise dans l'insulte qu'elle entend adresser par sa présence à la défunte elle-même, elle revêt l'habit traditionnel de mariage, le vêtement du mariage maudit, que Yemma s'est refusée à cautionner. Quand je l'aperçois, au seuil de la chambre mortuaire, je lui dis, les larmes dans les yeux :

« Tu n'as pas le droit d'être là.

Elle me toise :

— Maintenant qu'elle est morte, Azz va revenir et il aura sa part et donc c'est aussi chez moi. »

Leurs histoires d'héritage ne m'intéressent pas mais l'insulte à ma grand-mère me révolte. Je crie, je la bouscule, je ne contrôle pas ma rage. Noury arrive, je sais que sa haine contre elle sera plus forte, ou au moins prioritaire, sur son habitude de me battre à la moindre occasion. Il me fait donc rentrer dans la cuisine avec sa femme, Noura.

Mais ma rage n'a plus de limites. Je m'en prends aussi à Noura : « Tu l'as toujours méprisée », lui dis-je.

C'est vrai. Tout le monde sait que Noura, femme de Noury, méprisait Yemma, parce que Noury est le plus fort dans la famille.

La maladie de Yemma ne s'est déclarée de manière foudroyante, mais peu à peu, elle est devenue grabataire. Noura lui a rendu la vie difficile, interdisant aux domestiques de l'approcher pour la laver. Haya, la sœur de Noury, n'était pas souvent là. Je la lavais en rentrant des cours, mais j'arrivais parfois tard, donc Yemma passait beaucoup de temps sale. Noura pouvait même la laisser assoiffée toute la journée. Plusieurs fois, je trouvai son verre vide sur sa table de chevet, ses lèvres sèches. Elle réclamait à boire.

« Pourquoi tu n'as pas demandé à Noura ? » Silence. Je savais que Noura feignait de ne pas entendre.

« Pourquoi tu n'as pas demandé à tes nombreuses belles-filles ? » Silence. Elle ne voulait sans doute pas déranger.

Une fois, je la trouve par terre dans la laverie à côté d'une bassine avec une culotte tâchée de sang de règles. Cela ne peut pas être celle de Yemma, c'est donc celle de Noura. Sa belle-fille est à son côté, mais elle ne me voit pas, elle est accoudée à la machine à laver. Elle lui fait tout simplement laver ses sous-vêtements tâchés. Je comprends immédiatement qu'il s'agit de l'humilier. Son regard exprime toute l'arrogance et le mépris qu'elle ressent pour la mère de son mari, défaite par les ans et le cours de la vie. Son air change dès que j'entre, ce qui me met immédiatement en colère parce que je comprends qu'elle a conscience du mal qu'elle impose à Yemma. C'est de la torture psychologique, et c'est volontaire. Je sais ce qu'elle fait et elle sait que je sais. Je dis à Yemma qu'on va appeler le médecin. Ma grand-mère délire un peu, elle craint, à cette époque, que Noury ne la jette à la rue. « Ce sont tes oncles qui ont le pouvoir et l'argent. » Dans un accès de colère, je frappe Noura, je lui mets la tête dans la bassine. Et je ramène Yemma au lit.

Au retour de Noury, évidemment, Noura l'appelle dans la chambre où elle s'est repliée. Je comprends ce qui va se passer, j'y suis prête, mais je ne céderai rien. Quand Noury pénètre dans le salon où nous sommes assises, Yemma et moi, je lui dis :

« Je sais que tu vas me frapper, je m'en fous, Noura a voulu humilier Yemma, elle te mène par le bout du nez et tu devrais défendre ta mère. »

J'essaye d'enchaîner avec le récit des événements et l'épisode du linge souillé, mais il me roue de coups devant ma grand-mère, qui crie et tape par terre avec sa canne. Quand je réussis à me réfugier dans ma chambre, je suis à bout de souffle et de résistance. Mais la colère est si forte que je brise un carreau de la fenêtre. Je me blesse.

Cette époque est celle où Noury perd tout contrôle de sa violence. Un jour où je dois repasser ses chemises avant d'aller au lycée, il me reproche un tout petit pli mal fait sous un bouton. Il me saute dessus et me bat. Je hurle. C'est d'une telle violence que ma tante Naadi, qui habite au-dessus avec mon oncle Moufid, descend et s'interpose. C'est rare.

Une autre fois, quatre de mes oncles, je ne sais plus lesquels mais il y avait Noury et Azz, c'est sûr, me frappent en même temps pendant que je me roule par terre. Je ne sais même plus pourquoi ils me battent, cette fois-ci. Mais je me souviens que j'ai été sauvée par mon père qui, bénéficiant d'une permission de l'hôpital, est arrivé à ce moment-là pour nous rendre une visite. Il m'a arrachée à eux et m'a emmenée. Nous avons passé quelques heures ensemble. Nous sommes allés nous balader sur la plage, mais il a bien fallu qu'il me ramène.

Rien n'excuse évidemment le comportement de Noury, qui est un criminel, mais j'ai conscience de l'avoir souvent provoqué. Je ne suis pas insolente, je suis naturellement insoumise. Je trouve que c'est une qualité. Pas Noury.

Le jour de l'enterrement de Yemma, il y a au moins deux cents personnes à la maison. Noury est occupé dans une assemblée qui regroupe plusieurs de ses amis. Je m'approche et je lui demande tout de go :

« Pourquoi ta famille et toi me gardez-vous prisonnière puisque vous ne m'aimez pas et que je fais tout de travers ? Surtout que vous savez que je veux rentrer en France ! »

La petite troupe me dévisage, se demandant sans doute comment j'ose défier Noury, et peut-être réfléchissant à une situation qu'ils ne connaissent pas et qui leur livre une donnée intime inconnue sur leur mentor. Mais, au fond, c'est une question qui me taraude vraiment depuis longtemps. Mon attitude dérange tout le temps, ils me reprochent de les déshonorer, de n'être capable de suivre aucune règle (la dernière qu'on m'impose est de ne plus manger de fruits, je ne sais pas pourquoi, Noury a décidé que c'était impur, sauf les dattes, que, malheureusement, je n'aime que dans le *makrout*[22] ou le *mesfouf*[23]). Mon intervention met Noury très en colère mais il se retient, visiblement. Est-ce qu'il n'ose pas me frapper devant tant de gens ? D'habitude il est plutôt du genre qui ose tout. Là, il se montre même conciliant, et dit :

« Mais tu sais que tu as toujours eu le choix, tu peux aller vivre chez ma sœur Haya, par exemple.

J'attendais cette proposition pour porter l'estocade :

— Mais tu sais que mon cousin Raf vient se coller et se frotter la nuit contre moi, exactement comme tu le fais, toi.

22. Gâteau fourré aux dattes et à la cannelle.
23. Couscous berbère sucré.

Il se décompose :

— Et d'ailleurs papa t'a dit de ne plus te frotter sur moi comme ça, pourquoi tu n'arrêtes pas ?

Noury est livide. C'est une folie, je signe mon arrêt de mort, mais j'insiste :

— Tu as refusé que j'épouse Raf, et d'ailleurs tant mieux, mais tu veux m'envoyer là-bas ? Non, laisse-moi rentrer en France ! »

Il n'y tient plus. Je vois sa main se lever mais je le ressens comme une victoire. Il me frappe à la joue puis me fait tomber. Les coups de poings et de pieds pleuvent. Il me massacre littéralement devant ses amis. Je n'ai guère d'illusions mais je me dis que quelqu'un va peut-être essayer de l'arrêter... Rien. Entre les volées de coups, je perçois, aux commentaires des invités, que tout le monde est contre moi :

« C'est bien fait.

— Insolente.

— Sale Française.

Azz est là. J'arrive à me relever et je lui lance :

— Même toi, tu ne dis rien, tu pourrais me défendre, toi qui as aussi une femme humiliée mais libre. »

Quasiment paralysée par les hématomes, je mettrai des jours avant de pouvoir sortir de ma chambre.

Quelques mois plus tard, je m'échappe à nouveau : en janvier 1993, je réussis à me cacher dans un train pour Tunis. Mon plan est d'aller chez la sœur de Yemma. Je passe le premier contrôle, cachée dans les toilettes, mais je suis surprise par le second. Je donne ma carte d'identité algérienne, le douanier a un sale regard, à la fois salace et dominateur :

« Tu sais que tu n'as pas le droit de voyager seule... »

J'ai la présence d'esprit de dire que mon tuteur était avec moi mais qu'il a dû rentrer à Annaba parce qu'il est malade. Je vais chez mon oncle… « C'est bon », me signifie le fonctionnaire en se détournant. Deux heures plus tard, j'arrive affamée et assoiffée à Tunis. La première chose que je fais, une fois la frontière passée, est d'enlever mon voile. Je sais qu'en Tunisie ce n'est pas obligatoire, je crois même qu'à l'époque c'est interdit. J'éprouve un sentiment de liberté que je n'ai jamais connu. Je marche une bonne heure avant d'arriver au Belvédère, où habite ma grand-tante et sa famille. Quand je frappe à la porte, je suis épuisée. Mon grand-oncle m'ouvre, il comprend tout de suite. Il m'accueille. Je suis épuisée.

Nous dînons puis je vais dormir avec mes cousines. Je me réveille au milieu de la nuit en hurlant « Ne nous égorgez pas ! Ne nous égorgez pas ! », les mains sur ma gorge. L'une de mes cousines s'éveille en sursaut. Je m'excuse en bégayant, encore sous le choc d'un cauchemar dont je n'oublierai jamais ni les détails – les couteaux des terroristes, leur sourire cynique, ma gorge offerte…– ni la peur qu'il m'a inspirée. Elle rétorque, mi-sérieuse, mi-amusée :

« Non, non, ne t'inquiète pas, ici on ne va pas t'égorger. »

Ce cauchemar me reprendra à Paris après l'attentat du Bataclan.

Le lendemain matin, à mon réveil, Noury m'attend dans la cuisine.

Il est venu seul, en voiture.

Je fais un geste pour me replier vers la chambre de ma cousine. J'ai l'impression que le monde s'écroule sous mes pieds. Je vais m'évanouir. Ma grand-tante me retient et m'aide à m'asseoir.

Noury crie déjà :

« Remets ton voile, petite salope !

Mais mon grand-oncle intervient :

— Non. Ne te voile pas, ici c'est interdit.

Et à Noury, il demande de se taire :

— Noury, nous respectons ton autorité, mais cette petite est perdue, elle vient chez moi pour demander du secours. Elle est de mon sang, mais même si elle ne l'était pas je l'accueillerais. Je te demande de la laisser rester avec nous pour un temps.

— Je suis son tuteur légal, dit Noury.

— Certes, répond mon grand-oncle, mais ici tu es aussi considéré comme un terroriste et je te demande de bien réfléchir à la situation. » Mon grand-oncle est un homme intelligent, il réussit à menacer Noury sans lui faire perdre la face. Noury accepte que je passe un peu de « vacances » en Tunisie. Il part en me lançant un dernier regard d'assassin.

Je vais passer un mois de repos et de paix avec eux. Je leur demanderai de m'aider à regagner la France, mon grand-oncle et ma grand-tante refuseront sans même y mettre les formes :

« Désolé, on ne peut pas faire ça, à cause de la famille. »

Ils craignent Noury, comme tout le monde.

À Tunis, je découvre une nouvelle liberté, mais alors, si je ne peux pas rentrer à Paris, peut-être que je pourrais rester ici pour étudier la sociologie ? Nouveau refus, plus embarrassé, de la famille :

« Tu as un foyer, tu dois faire des concessions avec eux… D'ailleurs, le temps passe, il va bientôt falloir qu'on te ramène. »

Plus tard, j'apprendrai que Noury menace son oncle de porter plainte en Algérie et « personne n'a d'intérêt à ça ». Visiblement, la compassion et le sens de l'accueil ont des limites. En revanche, pas la puissance de Noury.

Quand je débarque à Annaba, j'ai l'impression de revenir en enfer. Je suis battue dès le jour de mon arrivée, puis presque tous les jours, pour n'importe quelle raison. Heureusement, Khalid est là et je peux le voir de temps en temps. La vie se réorganise malgré tout. Le chauffeur en qui Yemma avait confiance devient mon chauffeur. Je vais souvent chez Khalid en prétextant que je vais voir Khalida, sa sœur. Quand c'est un autre chauffeur ou Noury qui m'y conduisent, ils vérifient que Khalid n'est pas dans la maison, surtout si je dois rester dormir, ce qui arrive de temps en temps. Au début, Haya passe vérifier puis ses contrôles s'espacent.

Et le hasard s'en mêle.

Un jour, en sortant de chez Khalid, j'aperçois dans la rue le papa de Mouloud. Je le reconnais tout de suite, c'est chez lui que Mouloud a laissé mes sœurs. On se sourit, mais on ne peut pas se parler car un chauffeur est présent avec moi. J'entre dans une boutique de vêtements en disant au chauffeur de m'attendre, j'espère que Pépé (je l'appelle aussi Pépé, comme le père d'Annie, mon pépé de France) va me suivre. C'est bien le cas. On se parle. Il me demande comment je vais, il a l'air sincèrement heureux de me voir. Je dis que ça va mal, évidemment. Il m'apprend que, depuis quelques mois déjà, ma mère est à Alger et qu'elle a récupéré mes sœurs qui vivaient chez lui. Je lui raconte mon escapade tunisienne. Je parle de la violence de Noury. Je dis que je cherche depuis des années un moyen d'en finir, soit je m'échappe, soit je meurs. Je vois que mon histoire le touche, il me propose de m'aider à récupérer mes papiers français :

« Je sais où ils sont, je peux te les apporter, c'est Mouloud qui les garde, mais je peux les prendre. »

L'espoir renaît. Nous convenons d'un stratagème pour nous revoir, afin de multiplier nos chances, car je sors très peu : Pépé viendra à plusieurs rendez-vous successifs, dans plusieurs magasins, étalés sur plusieurs jours. Je trouverai bien le moyen de venir ! Pour crédibiliser le tout, je mets Khalid et sa sœur dans la confidence. Khalida passe plusieurs commandes dans ces boutiques pour la semaine suivante. Nous pourrons sortir. Le jour du premier rendez-vous, je vois Pépé dans la rue mais je suis accompagnée d'un chauffeur hostile. Pas moyen. Le deuxième rendez-vous est le bon. Je demande au chauffeur complice de m'attendre à la porte. Nous entrons dans la boutique. Pépé me tend une enveloppe avec les papiers et dit :

« Si tu veux, je peux organiser un rendez-vous avec ta mère. »

10.
La rencontre

« Gardons espoir, le pire reste à venir ! »
Bernard Bretonnière, *On n'a jamais fini de ranger la vaisselle*,
Éd. Pneumatiques, 2020.

Hier, je suis allée faire des recherches d'archives au centre culturel algérien. Pour 42 euros de photocopies et de reliure, j'ai réuni un dossier de deux cents pages d'articles de presse qui s'intéressent au sujet des enlèvements parentaux entre la France et l'Algérie, particulièrement dans les années quatre-vingt et quatre-vingt-dix. Et cette nuit j'ai lu le dossier. On relève plusieurs constantes. Côté presse algérienne, on commence presque systématiquement par déplorer la « perte de valeurs » des sociétés modernes qui conduit à des situations de ruptures, des « divorces tristes[24] » mais quand même « parfois nécessaires[25] ». Bref, un jugement de valeur sur la déchéance morale des hommes, et surtout des femmes bien sûr, modernes, déchéance qu'on condamne en des termes infantilisants à travers des maximes

24. Ghania Mouffok, « Couples mixtes, au nom du fils », *Algérie-Actualité*, n° 1032 25-31 juillet 1985.
25. « Un enjeu, la garde de l'enfant », *El Moujahid*, 04-12-1985.

d'école communale : « L'amour des parents est un sentiment noble », « Un enfant aime autant son père que sa mère »[26]... Ensuite vient régulièrement l'argument le plus solide : les Algériens, la société, le droit algérien, ont des choses à dire sur le sujet, et leur position a naturellement la même valeur que celle de leurs homologues français ou européens. On dénonce la vision européocentriste du problème, « dont les fondements profonds renvoient à la croyance – ô combien tenace – de la supériorité de la civilisation judéo-chrétienne[27] ». De fait, le paradigme le plus fréquemment considéré par la société française est celui d'une mère à qui un père arabe enlève ses enfants pour se réfugier en Algérie et interdire à la mère le moindre accès à sa progéniture. C'est, peu ou prou, mon cas. Mais le problème a de multiples aspects. De nombreux cas existent de pères floués, de droits de visites accordés aux mères suivis de « non-représentation » d'enfants, ce qui constitue légalement un second enlèvement, et même d'enfants enlevés en Algérie et ramenés en France, en violation patente du droit algérien[28].

Il existe un droit algérien et il a quelque chose à dire. Il déplore notamment que la détérioration des relations bilatérales et, très clairement, la montée des idées xénophobes, le retour au premier plan de sujets qu'on pensait évacués à jamais comme « les bienfaits du colonialisme », ou la place de plus en plus généreuse faite aux thèses de l'extrême droite raciste en France, aient empêché les progrès vers une résolution pérenne. Pour Anaïs, c'est même un aspect essentiel du problème. L'Algérie n'adhérant pas à la

26. *Ibid.*
27. Ghania Mouffok, « Couples mixtes, au nom du fils », *Algérie-Actualité*, n° 1032 25-31 juillet 1985.
28. Sur le kidnapping légal, voir le chapitre suivant.

convention de La Haye, la résolution des situations d'enlèvement parental entre nos deux pays passe immanquablement par la voie consulaire et dépend, *in fine*, des aléas politiques ou diplomatiques. « Le cadre juridique d'un enlèvement, quand il n'y a pas adhésion à La Haye ou d'accord bipartite[29], explique mon amie, c'est le Bruxelles II ter[30], mais, pour s'appliquer, ce règlement suppose une coopération judiciaire qui peut être défaillante. » Le point de départ est donc la reconnaissance par le pays « de destination » du rapt, de la décision de justice française et son opposabilité, « mais l'exéquatur[31] se retrouve vite dépendante des circonstances, de l'histoire, des relations entre les deux pays, spécialement quand il s'agit de l'Algérie, compte tenu du passé colonial ». Trop d'affect et pas assez de droit.

À titre d'exemple, Emmanuel Macron s'est rendu en Algérie à deux reprises : la première fois en 2017, pour chercher de l'argent que la clique de Bouteflika lui a donné pour sa campagne présidentielle, et aussi déclarer que la colonisation était « un crime contre l'humanité ». La seconde fois en 2022, pour chercher du gaz qu'on ne lui a pas vendu, et aussi déclarer que la colonisation était « une histoire d'amour ». Les ministres, les juges, le peuple algériens, entendent ces discours. Ils en provoquent ou en subissent les effets. Rien n'ira dans le bon sens tant que la France tiendra cette position paternaliste néocoloniale vis-à-vis

29. De fait, la convention de 1988 fait office d'accord bipartite, mais son exécution dépend encore très largement de la bonne volonté des États. La coopération judiciaire n'est pas automatique.

30. Le règlement européen Bruxelles II bis de mars 2005, révisé en 2019 devenu II ter, fixe un cadre à la « reconnaissance et exécution des décisions en matière matrimoniale et en matière de responsabilité parentale, ainsi qu'à l'enlèvement international d'enfants ». Il s'applique en l'absence d'un accord bipartite ou d'adhésion à la convention de La Haye.

31. L'exéquatur est la procédure visant à donner, dans un État, force exécutoire à un jugement rendu à l'étranger.

de l'Algérie. Rien. De fait, le texte de 1988, signé par Georgina Dufoix pour le gouvernement socialiste de Laurent Fabius, mais préparé par Pierre Mauroy dès 1981, qui est encore la référence en la matière, s'est appuyé sur les liens renoués avec l'Algérie et un climat moins hostile en France pour proposer des avancées significatives. À ce sujet, Annie Sugler, responsable d'une association de mères[32], note en 1988 que l'accord n'a été possible que parce qu'ont réussi à se parler, comme elle le réclamait depuis longtemps, « des responsables politiques de haut niveau des deux côtés de la Méditerranée ». Aux termes de cet accord historique entre la France et l'Algérie, il n'y aurait plus jamais « d'enlèvement » possible par l'un ou l'autre parent, d'un enfant « né d'un couple franco-algérien séparé ». Le texte décide que la juridiction compétente sera celle du pays où se trouve le domicile de l'enfant « au moment de la rupture », donc la France quand les enfants sont raptés en France, et non plus du domicile conjugal, qui était une notion fréquemment interprétée par les tribunaux « des pays de destination » comme « le nouvel endroit où le père a décidé de s'installer ».

Mais, coincée entre deux alinéas, la phrase essentielle du texte dit que « les jugements des tribunaux seront assortis d'une autorisation automatique de sortie du territoire », ce qui signifie « qu'on ne pourra plus évoquer l'opposition paternelle pour la non-exécution des décisions de justice ». Les parents rapteurs étant le plus souvent les pères, cette disposition prend tout son sens dans le cas algérien, car si le droit algérien reconnaît bien que « le droit de garde peut être confié à la mère », il assortit cette éventualité d'une disposition retorse : « …mais l'entretien, la scolarisation et

32. Collectif de défense des enfants enlevés.

l'éducation de l'enfant doivent se faire dans la religion du père ». C'est sur cette phrase que les avocats des pères s'appuyaient pour justifier les refus de « rendre » les enfants. Cette disposition, en forme de procès d'intention, était évidemment impossible à garantir par anticipation. La convention de 1988 est donc un accord de protection des enfants, mais il y a loin de la coupe aux lèvres… « En droit français c'est rarement la source qui fait défaut. Les textes sont souvent là, ils sont souvent bons, même si on peut toujours les améliorer, mais le problème est dans l'application. » Bref, l'accord ne garantit pas la coopération judiciaire, or c'est vraiment là qu'on doit progresser : « Il faut une véritable entraide judiciaire qui s'impose à la politique. » Mais pour Anaïs, et bien sûr pour ThéraVie ARP-APA anti-RPicide, c'est en amont que se trouve la clé du problème : une meilleure centralisation et une meilleure circulation de l'information, une meilleure détection et un meilleur suivi des cas repérés, des pouvoirs d'intervention étendus… Je lirai dans les pièces versées au dossier du jugement de divorce de ma génitrice et Mouloud une lettre hallucinante de Mouloud au juge dans laquelle il annonce par antiphrases – sur le mode « je ne veux pas le faire mais je pourrais » – mon kidnapping ! Je ne peux m'empêcher de penser qu'une assistante sociale aurait pu s'en émouvoir… « C'est très juste, confirme Anaïs, mais il faudrait leur donner des moyens, or elles sont débordées, j'en avais une dans mon bureau hier qui s'occupe de vingt dossiers d'enfants, c'est ingérable ! ».

Au niveau européen existe aussi un numéro d'appel, le 116 000, qui permet de signaler tout enlèvement ou même toute menace d'enlèvement. La première démarche à effectuer ensuite est le dépôt d'une plainte étayée, qui doit obligatoirement contenir la preuve de l'autorité parentale du parent déposant plainte. « Mais là encore, explique Anaïs, il faut que les planètes s'alignent parce que même si on constate une non-représentation d'enfant, qu'on la signale vite en précisant que le parent fautif pourrait emmener l'enfant hors de France, que le JAF (juge aux affaires familiales) agisse avec célérité et qu'on transmette bien l'info à la police des frontières… l'injonction de refus de sortie du territoire de l'enfant n'est valable que quinze jours. »

D'une manière générale, les pays qui abritent des rapts d'enfants argumentent systématiquement en premier lieu sur la nécessité de mener une action juridique chez eux (et crient au racisme ou au néocolonialisme si le parent spolié s'y refuse). Ce processus est un piège car il empêche tout recours futur en cas de jugement défavorable au parent spolié. Le cas récent de Sylvain et Arslan Roy, son fils[33], est exemplaire à ce propos. Ce papa, dont le fils a été enlevé en France en 2017 par sa mère kazakhe (grâce à un faux passeport, un faux certificat de baptême et, là encore, le laxisme scandaleux de la police aux frontières française[34]), s'est vu plusieurs fois proposer un procès à Astana par les autorités du pays de la mère. Il s'y est toujours refusé. Pour lui, « c'est un piège, le procès est perdu d'avance », parce qu'à cause de la corruption et de la tendance naturelle des juges à se rendre aux arguments de la mère kazakhe « un tel procès risque de fermer définitivement

33. Sources Origines.media compte Instagram et article de *Nice-Matin* du 26-04-2022.

34. Il ne s'agit en aucune manière ici de critiquer, dans le sillage de la droite et de l'extrême droite françaises, une prétendue « absence de contrôles aux frontières » qui serait responsable de l'arrivée de millions d'envahisseurs migrants sur notre sol gaulois, mais bien de renverser cette critique : on contrôle systématiquement « au faciès » les étrangers qui entrent en France, mais une citoyenne kazakhe (ou algérienne ou congolaise…) qui quitte le territoire avec des faux documents grossiers, ça perturbe beaucoup moins les douaniers. Je ne puis m'empêcher d'y voir une similitude avec la manière dont j'ai été enlevée. Dans mon cas aussi, le douanier ne s'est pas beaucoup interrogé. Nous étions d'abord des Arabes rentrant en Algérie.

la porte à toute action ». En effet, si le tribunal établit le droit de la mère, aucune action diplomatique ou judiciaire française ne sera plus recevable. Fin de la tragédie.

Le texte de 1988 prévoit aussi la création d'une commission mixte paritaire chargée d'étudier les contentieux, les cas en litige, puis de donner son avis aux tribunaux qui trancheront.

Mes sœurs et moi sommes un « contentieux ». À moi seule, je représente d'ailleurs un double contentieux puisque je suis aussi une enfant « naturelle » aux yeux du droit algérien et de la convention française. Je suis « illégitime » en plus d'être raptée. Il est fréquent que les juges algériens rendent les enfants illégitimes à leurs mères. Naturels, ils sont immoraux, nés d'une alliance anti-religieuse, ils sont la marque du péché, et l'Algérie n'en veut pas. Mon malheur paradoxal est qu'on ne m'a pas rendue, malgré mon statut d'illégitime, sans doute au motif, me dira une avocate bien plus tard, que j'ai été enlevée en même temps que mes sœurs et que le droit algérien a « confondu » juridiquement mon cas avec le leur… Tout était déjà si complexe, on n'allait pas en plus s'intéresser personnellement à chaque enfant[35]…

Comme je n'ai pas dormi, je préfère annuler ma séance de psy de ce matin. Je ne le fais jamais, mais là ce sera trop dur. Les séances sont nourries et contraignantes. Techniquement, j'ai des TSPT (troubles du stress post-traumatiques). Je suis une TCC (thérapie comportementale cognitive). Et je suis aussi atteinte d'amnésie dissociative qu'on tente de soigner par remédiation cognitive. Lorsqu'on est exposé à de très nombreux traumatismes, le cerveau crée des « alter », comme différents personnages réunis dans le même corps. On appelle cela un « trouble

35. La distinction enfant légitime/enfant illégitime figure notamment telle quelle dans le rapport du sénateur Guy Cabanel. Voir également au chapitre suivant.

dissociatif de l'identité ». C'est pour cela que j'ai de l'amnésie, parce que si un alter prend le dessus, on dit « qu'il est au front », il perçoit et expose des souvenirs, mais quand un autre prend sa place, il perçoit et expose ses propres souvenirs en occultant les précédents. En clair, j'ai oublié plein de trucs graves qui me sont arrivés et je tente de m'en souvenir pour me reconstruire. Mais c'est compliqué parce que, des trucs graves, il m'en est arrivé beaucoup ! De temps en temps surgit à ma mémoire un drame qui suffirait à remplir une vie de psychanalyse ! Par exemple, j'avais oublié de parler à mon co-auteur de la rencontre de 1988 alors que c'est un tournant de mon histoire ! Je sens bien que cela l'a agacé mais je ne le fais pas exprès, je suis dissociée ! Mes souvenirs sont partiels, tronqués, comme ceux de l'homme sur la jetée d'Orly dans le film de Chris Marker. C'est à la fin qu'on comprend. J'ai oublié de parler de cette rencontre et pourtant, j'en ai un souvenir physique, matériel, sensoriel. Elle est en moi.

Bon, j'en parle maintenant.

Cela a commencé par un coup de téléphone.

Annaba, mai ou juin 1988

C'est mon oncle Moufid qui décroche. Je suis à côté de lui, dans le salon. Je ne comprends pas la conversation, mais sa mine déconfite et inquiète quand il raccroche m'interpelle sérieusement. Il s'est passé quelque chose de grave. Comme je sais qu'on ne me répondra pas, je ne pose pas de questions, mais j'observe, ahurie, la panique qui s'empare de tout le monde. Alors que nous devions passer la journée à la maison, au moins jusqu'à la fraîcheur du soir, je saisis quelques mots de Noury à Yemma :

« Il faut partir, on va dans le désert, vite ! »

Le temps de charger la voiture avec quelques sacs mal faits, le moteur tourne déjà. Noury conduit, Azz est devant, je suis à l'arrière, à côté de Moufid. Yemma est restée à la maison. Par bribes, j'attrape les mots *police, plus vite, désert*… Mais à peine avons-nous tourné le coin de la rue qu'une voiture de police, toutes sirènes hurlantes, nous coince contre le trottoir. J'ai très peur. Les B., la famille de Mouloud, sont aussi très puissants. Noury connaît tous les pontes religieux, Yemma parle avec le président, il est même venu chez nous. Si on nous arrête c'est que quelque chose de très grave se passe.

Yemma accourt. Elle m'écarte de la discussion qui s'engage entre Noury et la police. Mais quelques minutes plus tard, mon tuteur vient vers nous et explique à sa mère que « on est obligés, cette fois ». Je suis très attentive à ne jamais parler arabe et je n'interviens jamais dans leurs échanges car le fait de le comprendre un peu me donne un avantage utile.

Une heure plus tard, le temps de donner quelques consignes à la maison et de préparer un viatique, Noury, Yemma et moi embarquons dans la voiture de police. Le soir même, nous nous retrouvons dans un grand hôtel du centre de la capitale. Tout le monde est inquiet. Nous dormons dans la même chambre. Noury ronfle, mais je dors bien.

Le lendemain matin, juste après le petit déjeuner, nous nous rendons dans une grande salle et la première chose que je vois au milieu de la foule, ce sont mes sœurs… Je fonds en larmes en courant vers elle. Noury tente de me retenir mais je me retourne et je tords violemment son bras de toutes mes forces. Sa main se lève, mais il n'ose pas… Je fonce, mes sœurs me tombent dans les bras et il faut la douceur et la patience de Yemma, peut-être émue elle aussi, pour nous séparer. Alors je lève les yeux vers le spectacle qui m'avait échappé, obnubilée que j'étais par Fleur et Rose que je retrouve après plus de trois ans.

Des dizaines de personnes, des centaines peut-être, vont, viennent, se saluent, échangent, et même pour certains, semblent se retrouver comme j'ai retrouvé mes sœurs. Il y a des enfants partout, près de deux cents, apprendrai-je un peu plus tard. Je comprends qu'il s'agit de familles et je fais évidemment le rapprochement avec ma situation personnelle, jusqu'à la caricature : ces femmes qui pleurent sont des mamans, ces hommes sur leur garde sont des pères ou des tuteurs, ces enfants hagards éveillent en moi un sentiment pénétrant d'allégresse et de tristesse tout ensemble. Je me reconnais en eux. Je ne suis donc pas seule. J'espère qu'ils n'ont pas tous vécu ce que j'ai vécu. Au milieu de ce brouhaha, quelques personnes évoluent avec plus d'aisance que d'autres, ce sont sûrement des chefs, des hommes le plus souvent, ils ont des cravates et des costumes. Quelques femmes aussi, européennes, semblent importantes. Il y a aussi quelques avocats en robe, et des dizaines d'hommes et de femmes avec des micros, des caméras, des carnets, qui courent partout.

Je ne les ai pas vus à mon premier coup d'œil, mais Annie et Mouloud, sont là, évidemment. Ils accompagnent mes sœurs. Je ne les ai plus vus depuis la rentrée 1985, quand Annie est venue m'expliquer que mon rapt était ma faute, et que Mouloud s'est présenté ivre au volant de sa Mercedes, hurlant qu'il voulait m'épouser. Mouloud m'embrasse. Pas Annie. Puis ils vont vers Noury. J'ai l'impression qu'ils se parlent comme des complices.

Bien plus tard, je reconnaîtrai, dans un article de presse, une photo de Mouloud en pleine discussion avec une journaliste. La légende explique qu'il défend le point de vue des pères :

« Les enfants doivent rester en Algérie. » Aujourd'hui encore, de nombreux avocats, à commencer par Linda Weil-Curiel, qui s'est occupée des Mères d'Alger[36], pensent que chaque situation d'enfant rapté doit être étudiée en particulier. Le principe qui les relie tous, c'est l'arrachement, le déracinement. Alors, selon eux, rapatrier, dix ou quinze ans après son enlèvement, un adolescent qui a parfois désappris sa langue natale et semble avoir oublié sa mère, n'a plus de sens. C'est un double arrachement, que, peut-être, les enfants eux-mêmes ne souhaitent plus. Pour les mères, c'est un surcroît de douleur.

Mouloud n'a jamais fait montre avec moi de la même violence qu'Annie ou Noury. Mais au moment où je lis ça, je crois que je pourrais l'étrangler : Annie et lui sont en France, ils boivent, se droguent et dépensent l'argent de mon père, pendant que mes sœurs et moi croupissons en Algérie, chez nos grands-mères respectives. Certes, mes sœurs ne seront jamais physiquement maltraitées. Mais nous sommes toutes là contre notre gré. De ces années maudites, qui correspondent aussi à la période de son adultère avec Beny, Annie dira un jour qu'elles ont été les plus belles de sa vie…

Il existe aussi une photo de moi, publiée par un magazine, où je figure avec ma sœur Fleur, assise contre un mur. On ne le voit pas, mais Noury est debout, qui nous surveille. Yemma est à côté de moi. Elle est prise juste avant que nous entrions dans le petit bureau. Mais pourquoi sommes-nous dans cette salle immense ?

36. Le 9 novembre 1983, alors que le président Chadli Bendjedid est en visite officielle en France, une délégation de femmes françaises se rend à l'ambassade d'Algérie à Paris. Elles appartiennent à l'Association nationale de défense des enfants enlevés (ANDEE) et entendent alerter l'opinion sur l'enlèvement parental dont elles et leurs enfants sont victimes. Voir aussi le chapitre 4.

Pourquoi mes sœurs sont-elles là ? J'ai interrogé Mouloud mais sa réponse m'a plutôt inquiétée :

« Tu verras bien, tais-toi. »

Assez vite, je comprends, en voyant des enfants et des parents pénétrer chacun à leur tour dans un petit bureau au fond de la salle, gardé par des avocats, que chaque famille doit être auditionnée. Pour dire quoi ? Est-ce qu'on va me demander quelque chose ?

Ma grand-mère se penche vers moi et me parle à l'oreille. Soudain mon nom résonne dans l'immense espace. Notre tour est arrivé. Je n'ai jamais rien vécu de si impressionnant. Il y a un bureau derrière lequel deux personnes sont assises, que j'appelle des ministres, l'un est français, l'autre algérien, semble-t-il. D'autres personnes se tiennent debout derrière eux. Moi je m'assieds devant le bureau, je leur fais face. Mes sœurs sont assises de chaque côté de moi. Derrière moi, une main sur chacune de mes épaules, Mouloud et Noury. Ma mère entre les deux. Je repense aux mots de Yemma.

Le ministre français parle en premier. Je n'ai aucun souvenir de ce qu'il dit. En revanche, je n'oublierai jamais la question qui clôt son intervention. Il se tourne vers moi, me regarde dans les yeux et dit :

« Est-ce que vous voulez rester ici ou bien rentrer en France ? »

11.
Le choix ? Quel choix ?

« Le bonheur, c'est toujours pour le coup d'après ! »
Bernard Bretonnière, *On n'a jamais fini de ranger la vaisselle*,
Éd. Pneumatiques, 2020.

« Bonjour, Madame, mon histoire ressemble beaucoup à la vôtre. Je suis actuellement en Côte-d'Ivoire[37] et je veux rentrer en France. Je suis Française mais mon histoire est très compliquée. Mon père nous a enlevées, ma sœur et moi. » J'ai reçu le premier message de Pearl en juin 2021. Nous communiquons grâce aux réseaux sociaux. Je suis presque son seul contact avec « le monde extérieur ». Depuis plus de dix ans, elle est retenue captive par son père. Pour elle aussi, les choses se sont d'abord présentées sous un jour légal. Père africain, mère française. Divorce. Son père rentre en Afrique, Pearl et sa sœur restent en France avec leur mère, conformément au prononcé du divorce. Quand la maman tombe malade, le père revient en France et prend en charge l'éducation de Pearl et de sa sœur, au domicile de la mère. Un an plus tard, la maman décède et, sans avertir personne, le

37. Noms et lieux sont fictifs afin de protéger les enfants.

papa emmène les filles en Afrique. « Il nous a dit qu'on partait pour les vacances. » Évidemment, il n'a aucune intention de les ramener. L'affaire est complexe car le père a l'autorité parentale, même si le jugement de divorce a fixé le domicile des filles en France. Aujourd'hui, majeure, Pearl est toujours bloquée en Côte-d'Ivoire. Son père a confisqué ses papiers. Le mois dernier, je lui ai envoyé le processus détaillé afin de récupérer son acte de naissance via Internet, mais son accès Web est trop limité. Les filles sont privées de sortie, de téléphone, de contact avec des étrangers, de communications avec leur mère ou la France. Malgré les difficultés, Pearl a réussi à se rendre au consulat de France mais on refuse d'entamer une démarche pour certifier la nationalité française de Pearl et sa sœur sans… un document démontrant leur nationalité française. Situation kafkaïenne. À Créteil, j'ai pris contact avec sa tante qui a réussi, grâce à une dame bienveillante à l'état civil, à faire une demande d'acte de naissance en triple exemplaire, l'un d'entre eux doit impérativement arriver à l'ambassade d'Abidjan. La sœur de Pearl a 11 ans, je sais déjà que ce sera très très difficile pour elle, mais je ne le lui ai pas encore dit.

Face au mur de l'inaction, certaines familles ont recours au kidnapping légal. C'est une arme à double tranchant. J'ai toujours envie de défendre cet argument de justice et de morale, mais la première chose à dire sur le sujet c'est que c'est très périlleux, pour l'enfant d'abord, pour les parents, et pour l'espoir qu'on arrive un jour à donner un véritable statut aux enfants raptés et un cadre légal pour régler la grande majorité des cas. Le kidnapping légal recouvre plusieurs formes. Il y a d'abord le cas de l'enfant en droit de visite que sa mère ne présente pas au retour. Le cas le plus célèbre est celui de Salim, qui a failli faire capoter la convention de 1988[38]. Il y a ensuite la possibilité rocambolesque et très dangereuse de l'enfant qu'on tente de localiser en Algérie – ou dans n'importe quel pays où il est maintenu rapté – puis d'enlever et de rapatrier en France. Au-delà même du traumatisme pour l'enfant[39], fréquent et jamais vraiment considéré par le parent qui se dispose à utiliser ce stratagème, les conséquences, en cas d'échec, sont désastreuses : déménagement de l'enfant, perte de contact, procès, prison… C'est un coup qu'on ne joue qu'une fois, et qui échoue la plupart du temps. Le quai d'Orsay désapprouve officiellement ce mode d'action, mais l'hypocrisie réside dans le fait que le droit français le reconnaît de fait, puisqu'il s'agit techniquement d'un enfant qui échappe à ses ravisseurs ! Un troisième ministère a d'ailleurs son mot à dire. En janvier 1988, le ministère des Droits de la femme, par la voix d'Yvette Roudy[40], condamne l'attitude de la mère de Salim et fait appel au « sens des responsabilités des mères » qui reçoivent leurs enfants raptés en droit de visite. On se trouve donc dans la situation ubuesque où deux ministères du gouvernement français condamnent un acte commis en

38. Cas de Salim : arrivé en France à Noël 1987 pour passer les fêtes avec sa mère, dans le cadre d'un droit de visite, obtenu à la suite d'une grève de la faim de plusieurs mères, et pour lequel le gouvernement algérien a dû opérer pression par corps sur le père, l'enfant n'a pas été présenté au retour. « C'est ma décision », déclara Salim. Mais l'affaire ébranla sérieusement les négociations en cours. Le père se retourna, victorieusement, contre l'État algérien.

39. La seule étude produite sur les effets traumatiques sur les enfants raptés a été publiée en 2014 par Marilyn Freeman, de l'ONG International Center for Family Law, Policy and Practice.

40. Née en 1929, ministre des Droits de la femme de 1981 (ministère créé par François Mitterrand) à 1985. La loi de 1982 sur le remboursement de l'IVG et celle de 1983 sur la parité homme/femme portent notamment son nom. Signataire, en avril 1971 dans *Le Nouvel Observateur*, de la pétition rédigée par Simone de Beauvoir, des 343 femmes déclarant avoir avorté, pétition dite « Manifeste des 343 salopes ».

territoire étranger, alors qu'un autre l'entérine juridiquement ! En 1984, *Le Nouvel Observateur*[41] rappelle le cas de Marie-Noëlle et de son père, débarqués en Algérie une première fois en 1981, puis de nouveau en 1984, afin d'« enlever » à son « père-ravisseur » le fils de Marie-Noëlle. L'aventure se termine en prison et provoque un incident diplomatique. Et la détresse des familles nourrit un « business ». Une association suisse, le Mouvement contre les enlèvements d'enfants, prétend même avoir rapatrié une cinquantaine d'enfants enlevés dans les années quatre-vingt. De même, le détective français Serge Muller[42] a mis au point des « techniques militaires » pour ramener les enfants, avant d'être rattrapé par la justice française pour « détention de documents administratifs », prétexte qui provoque la fin de sa « carrière » mais qui renforce ses convictions : « Les enfants m'écrivent, pour eux je suis le "tonton" », ou bien : « Voyez celle-ci : "Je pense souvent à toi" ». D'autres associations fleurissent sur Internet, la plupart exploitent scandaleusement la douleur des familles.

Et puis il y a un aspect du problème négligé parce qu'il n'est pas politiquement correct. À l'époque de la signature de la convention bilatérale, et même dans les années quatre-vingt-dix et deux mille, ce sont les pères qui enlèvent les enfants. Aujourd'hui, la multiplication des mariages mixtes et l'augmentation du phénomène de traditionalisation religieuse des femmes ont pour conséquence une augmentation significative d'enlèvements perpétrés par les mères. Le phénomène est encore marginal en Algérie mais déjà beaucoup plus marqué au Moyen-Orient ou en Égypte.

41. Mariella Righini, « Paris-Alger, des enfants sans mères », *Le Nouvel Observateur*, 13-07-84.
42. Catherine Erhel, « Profession : voleur d'enfants », *Libération*, 07-88.

Nous ne sommes pas prêts, ni d'un côté de la Méditerranée ni de l'autre.

J'ai retrouvé, il y a quelques semaines, un rapport du sénateur Guy Cabanel[43]. C'est un pied-noir, le sujet l'intéresse. Il a travaillé avec Georgina Dufoix sur le projet de convention. Après avoir remarqué que la France a œuvré à la mise en place des conventions européennes de Luxembourg et de La Haye en 1980 sur « la reconnaissance et le rétablissement de la garde », il concède que l'élaboration d'une solution satisfaisante à la situation des enfants « déplacés » issus de couples franco-algériens se heurte « à des difficultés bien plus ardues », notamment par son aspect quantitatif, puisque « pour s'en tenir aux statistiques officielles, dont le nombre est naturellement inférieur au nombre réel », on note « 171 dossiers d'enfants légitimes représentant 336 enfants et 54 dossiers d'enfants naturels représentant 67 enfants ». Je me situe dans la colonne « Enfants naturels ». Mais à titre de comparaison, le sénateur remarque que « à la même date, le nombre de dossiers avec le Maroc était de 14 et de 29 avec la Tunisie ». Le problème est franco-algérien d'abord.

Alger, mai ou juin 1988

« Je vais rester… »

J'ai 14 ans. Je comprends que le moment est important mais je suis morte de peur. Je regarde d'abord mes sœurs. Pourquoi ne pose-t-on la question qu'à moi ? Et si l'une d'entre elles veut rester ? Et puis, est-ce qu'on sera séparées de nouveau ?

43. Guy-Pierre Cabanel (1927-2016), sénateur de 1983 à 2001, membre du Parti radical valoisien.

À l'intérieur de mon corps entier, c'est un chaos infernal. Mille questions s'entrechoquent, dont la plus anodine me vaudra d'être battue si je la formule puisqu'il faut le faire à des inconnus peu rassurants et sous le contrôle des artisans de mon malheur au complet. Avec le recul des années, une analogie me viendra : je suis une prisonnière torturée que ses bourreaux amènent pour un instant devant les représentants d'une organisation humanitaire qui me demandent si j'ai été maltraitée… *Si je réponds que je veux partir est-ce que vous m'emmenez tout de suite ? Est-ce que c'est fini immédiatement ?* Non, bien sûr que non. Alors je vais rentrer à la maison, et Noury va me tuer. Il m'a dit cent fois qu'il préférerait me voir morte que me rendre à Annie ou à la France. Je pense : *Vous ne les connaissez pas, je serai battue et sans doute tuée !* Si j'avais la certitude qu'ils m'emmènent, qu'un oui me ferait passer derrière le bureau, avec mes sœurs, intouchables, alors je dirais qu'ils me battent et ce que je risque vraiment ! Des questions de vie ou de mort auxquelles il faut répondre instantanément se bousculent et tempêtent sous mon crâne d'adolescente pas grandie. Sur mes épaules je sens, comme des serres griffues, les pattes de Noury et Mouloud. Alors, sans que je le veuille, je m'entends marmonner un « non, oui, non… » que j'espère suffisamment inaudible pour qu'on ne me le reproche pas si cela tourne mal, mais suffisamment explicite pour qu'ils comprennent que je veux rentrer. Je les regarde et je pense : *Pourquoi faites-vous cela ? Imaginez-vous un instant que je parle librement… Ne voyez-vous pas que j'ai peur de ce qui va se passer dans tous les cas ? Pourquoi mes bourreaux sont-ils présents ?* Plus tard j'apprendrai que cela a fait l'enjeu d'une discussion des parties prenantes de l'organisation de cette réunion. Les parents ont fait pression « dans le but de protéger les enfants ».

Tu parles.

Je crois qu'on me pose d'autres questions qui vont dans le même sens, mais je ne m'en souviendrai pas. Dans mon esprit, tout se synthétisera par cette phrase qui résonne encore :

« Voulez-vous rentrer ? »

Regarde mes yeux, imbécile, ils hurlent oui !

Avec le recul, le sentiment de ma culpabilité et quelques années d'analyse, je me suis demandé si je n'avais pas inconsciemment voulu envoyer à ma famille algérienne un message à détente psychanalytique paradoxale : *Voyez je reste malgré tout ce que vous me faites, donc il faut être gentils avec moi, je suis bonne et bienveillante.* Non, sans doute pas, c'est tordu, je ne sais plus, en revanche je me souviens très bien du sentiment que j'éprouve quand je me lève de ma chaise pour revenir dans la grande salle : je suis physiquement habitée par la certitude d'avoir laissé passer ma seule chance, ou plutôt qu'ils m'ont volé ma seule chance. J'ai perdu, il n'y aura pas de deuxième essai. Je voudrais recommencer la scène, mais il n'y a qu'une prise. Un instant, je me lève, je suis prête à courir vers la petite salle aux hommes en cravate, je fais un pas, Noury me regarde, une nouvelle famille vient d'entrer. C'est fini. C'est la liberté qui me passe au bout des doigts. La vie qui s'envole.

Assise de nouveau dans la grande salle, je suis anéantie. Je voulais qu'ils comprennent, ils n'ont pas compris. Quelle erreur ai-je encore commise ? Est-ce que c'est encore ma faute ?

Sur les cent quatre-vingts mômes présents, je saurai plus tard que quarante sont rentrés, d'autres ont obtenu des droits de visite qui ne seront la plupart du temps pas respectés.

Avant d'entrer dans la salle, Yemma m'avait dit ce qu'on allait me demander. Elle m'avait suppliée de dire non. Elle avait dit :

« Je vais mourir si tu t'en vas, je suis malade tu sais.

Noury a dit :

— Tu ne veux pas tuer ta grand-mère ?

Et puis il a promis :

— On aménagera des choses pour toi, tu pourras ôter le voile, on t'enverra en vacances en France... »

En revenant dans la grande salle, ma mère est là. Les deux familles B. et D. sont là, Mousse et Mouloud font écran entre moi et la presse, je dois être un cas particulier car beaucoup de journalistes essayent de m'approcher, mais il y a toujours quelqu'un pour les repousser. Je suis morte de peur. J'ai peur d'eux, j'ai peur des hommes en cravate, j'ai peur des micros...

Je remarque une dame qui me regarde avec des yeux gentils sans poser aucune question, je regarde ses lèvres, sans aucun son, elle dessine des mots que je lis : *Ça va aller, les enfants*, crois-je comprendre. Je réponds de la même manière : *On veut rentrer*. Je vois son visage triste et aimant. Noury et Mouloud sont derrière moi, ils ne me voient pas. Je ne sais pas qui est cette femme, je ne le saurai jamais. Mais je ne l'ai pas oubliée.

Voilà, on m'entraîne, on sort de l'hôtel, on monte dans la voiture. On rentre à Annaba. C'est fini.

Je n'ai pas le souvenir d'avoir dit au revoir à mes sœurs, peut-être l'ai-je fait.

Au retour, je m'enferme dans ma chambre. J'ai conscience d'être à un tournant de ma vie. Je crois que je prends à cet instant la décision la plus importante : *Si je ne me suicide pas tout de suite, je ne dois plus être une victime, je dois me battre et ne plus me laisser battre. Ne plus être une femme battue mais une femme qui se bat*. Je vais dans le salon, Yemma, Noury, Moufid, Azz sont là. Je dis :

« J'ai quelque chose à vous dire : je regrette d'être restée. Mais désormais soit je me suicide de tristesse, soit je me bats. Je vais me battre, et toi, Noury, la prochaine fois que tu me cogneras, je donnerai des coups aussi.

Je n'avais jamais répondu avant.

— Tu me frapperas mais je te frapperai aussi. »

Il rit avec mépris, conscient de sa force. Comme si se mesurer à moi le grandissait. Il est bête.

Je retourne dans ma chambre.

Désormais, à chaque moment de solitude, je ne pense plus qu'aux souvenirs positifs de France. Je mets de côté, j'oublie presque, toute la misère que j'ai vécue là-bas. Je veux rentrer, je rentrerai. Je deviens sourde et aveugle à la réalité d'ici. D'une certaine manière, c'est une radicalisation qui répond à celle de mon oncle tuteur. Je parle très peu. Je me ferme, même à Yemma, mais pas à Khalid.

D'ailleurs, l'attitude de ma grand-mère change. Quelques semaines plus tard, elle me fait un sale coup, que je lui pardonnerai pour ne pas souffrir davantage. Elle décide que je vais partir en vacances chez une de ses amies, mariée à un Oriental, « le temps que toute cette affaire retombe ». Souvent, elle parle en arabe avec ses fils mais je comprends désormais, même si je ne dis rien. Je comprends qu'on veut me cacher, ils ont peur que la police vienne de nouveau me chercher. Je pose directement la question, on me répond que non, tout va bien, mais c'est suspect. Je me dis qu'il y a peut-être eu une décision en ma faveur et qu'ils ne veulent pas me le dire, peut-être qu'on va venir me chercher pour me ramener en France et donc on décide de me cacher, peut-être que les ministres ou la police ont vu que j'avais dit non sous pression.

Un matin nous partons. Nous roulons vingt-quatre heures sans arrêt, ou presque. Je ne sais pas où nous nous trouvons mais je connais la géographie de l'Algérie ; si on roule vingt-quatre heures depuis Alger, on est dans la région de Djanet, Tam, ou même Timiaouine, à la frontière du Mali. Nous nous arrêtons enfin au pied d'un immeuble jaune, sur une rue de sable, et nous montons jusqu'à un appartement aux murs pelés. Yemma m'explique que je devrai être très sage, faire le ménage tous les jours dans l'appartement. Je vais y passer trois mois sans sortir. Pour être à l'air, quelques minutes à la tombée de la nuit, je peux seulement aller sur le balcon de derrière qui donne sur le désert ; devant, il y a un autre balcon mais on pourrait me voir de la rue en sable. J'ai la certitude qu'on me cache, désormais. Paradoxalement, cela me donne de l'espoir. Même si je passe mes journées à l'intérieur, je suis voilée. On contrôle que je fais bien toutes les prières. Je comprendrai plus tard que ce sont des intégristes. Je ne sais pas ce que cela signifie exactement à cette date de mon histoire, même si je vois qu'ils se comportent comme Noury, je me dis qu'ils sont aussi fous que lui. À mon anniversaire, en août, on me donne un cadeau que Yemma a réservé pour moi mais je le refuse. En septembre, je commence à m'impatienter. Je leur dis que je vais manquer l'école. Noury vient me chercher en octobre, sans même un coup de téléphone pour avertir, ou alors on ne me l'a pas dit. J'ai raté un mois d'école.

À l'été 1989, c'est pire encore. Comme ma famille est riche, on m'envoie chez une connaissance de Yemma très pauvre pour « apprendre la pauvreté ». Je me dis que c'est vraiment répugnant parce que si ma famille est riche, moi je ne profite de rien, je voudrais juste m'en aller, alors pourquoi devrais-je être punie pour quelque chose dont je ne profite pas ? Pour un péché que je n'ai pas commis ? C'est assez loin d'Annaba, dans un village. Il n'y a qu'une chambre, je dors avec la dame. Les toilettes et la cuisine sont communs avec plusieurs autres chambres. C'est infect. Je me dis qu'on cherche de nouveau à me cacher. Je suis kidnappée et mes kidnappeurs me confient à d'autres séquestreurs. Où s'arrêtera cette mise en abyme de mon enferment ? Quelle sera la prochaine étape ? La mort ? C'est de nouveau un été terrible. J'emmagasine tant d'expériences de haine que je perçois déjà qu'il me faudra beaucoup de temps et de travail pour m'en libérer un jour, si on m'en laisse l'occasion. À cette époque, je rejette les Arabes, leur langue, leur culture, je les vomis. Je me sens rationnellement et humainement anti-raciste, mais aujourd'hui encore j'ai des épisodes, des bouffées de haine. Les machos, les palabres infinies, les femmes impolies ou arrogantes… J'ai des amis athées, juifs, catholiques, musulmans… J'ai du mal quand leur discours se radicalise, je ressens profondément que c'est toxique pour moi. Je sais que c'est un discours convenu mais je suis sincèrement intolérante à l'intolérance.

J'ai des amies voilées, converties ou pas, mais je n'en ai pas en tchador, cela me gênerait beaucoup. En France, à la télé, ou dans le discours politique à droite ou à l'extrême droite, on amalgame un peu tout mais la différence entre le voile et le tchador est au moins aussi grande qu'entre le voile et pas de voile. Je ne remets pas en cause leurs croyances ou leur personne, mais leur tchador m'enferme. Pourtant, en juin 2019, quand je suis allée marcher au bled, j'ai ressenti que c'était aussi mon peuple, certes différemment. Et j'ai pu vérifier que la jeunesse algérienne était magnifique.

Un peu avant, pour le début de la révolution du sourire, je milite aussi, place de la République, avec de nombreux et enthousiastes Algériens de France. Sortir de la dictature, aller vers la démocratie. Mais les discours très véhéments au micro desservent la cause, ils hurlent, ils extrémisent… Cela dessert la cause, c'est sûr, ils passent pour des dingues. Cette attitude provoque le rejet, ce n'est pas la bonne méthode. On arrive tout de suite à la polémique, à la dispute. Une fois, j'ai demandé au DJ de mettre des chansons de la chanteuse révolutionnaire Raja Mezian[44], des textes magnifiques et récents, des chants révolutionnaires qui étaient susceptibles de nous mobiliser tous… et toutes. Mais j'ai été mal accueillie, renvoyée à la fois à mon identité de femme et de non-Algérienne, qui me prive de la parole. On m'a surnommée « la petite blonde française de Répu' », ce qui était un moyen de m'isoler et donc de me faire taire.

Beaucoup d'Algériens ressentent une ambivalence, un conflit intérieur entre francité et algérianité, entre religion et athéisme. Mon amie Djamila était tellement triste que sa fille fasse un mariage religieux avec un rappeur qu'elle s'est repliée sur elle-même pendant six mois.

Au bled, on me traite de « gawriyya[45] », la Française, l'étrangère. Il y a une haine de soi, en Algérie. Tout le monde ne le reconnaît pas mais cela se sait. Fellag[46] l'a si bien exprimé : « On ne se supporte pas nous-mêmes, depuis qu'on vous a virés, les

44. Auteur-compositeur de rap d'origine berbère, née en 1988 à Tlemcen. Après des études de droit, elle tente d'obtenir le statut d'avocat qui lui est refusé par le bâtonnier d'Alger à cause des textes subversifs qu'elle compose et interprète déjà en parallèle de ses études. Elle quitte l'Algérie en 2015 et est accueillie comme réfugiée en République tchèque. Elle est aujourd'hui considérée comme « la chanteuse du Hirak », la révolution du sourire qui commence le 22 février 2019 en Algérie.

45. Le terme désigne à la fois la Française et l'étrangère occidentale. En Algérie, il est particulièrement connoté français. Il s'utilise aussi de manière bienveillante, mais le plus souvent c'est une insulte.

46. Auteur comique, acteur, réalisateur et écrivain kabyle algérien.

Français, on se bat entre nous ! Ah si seulement vous aviez été un peu plus gentils, il y avait de la place pour tout le monde. » Et de regretter la relation schizophrénique des deux pays : « À la fois on est clandestins quand on vient en France, et à la fois on ne peut pas vivre sans vous. »

Noury m'a aussi opprimée en tant que Française. Il a déversé sa haine du peuple colonisateur sur moi. Pourtant, je sais qu'il n'a pas réussi à implanter durablement cette haine en moi. Des amis me disent même : « Je ne comprends pas comment tu fais pour nous aimer. » Je ne confonds pas mon exaspération et la haine. J'ai peut-être même « un rapport ambivalent à mon autre culture » même si je déteste que mon co-auteur dise cela.

Au restaurant, avec des amis arabes, il arrive presque systématiquement que le serveur s'adresse à moi. Parfois je laisse courir, mais la semaine dernière, dans un restaurant du Marais, on s'est levés sans se concerter et on est partis. On se lève et on se casse ! Suis-je en paix avec mes deux pays ? En tout cas, je ne crois pas du tout à la hiérarchie des cultures.

Après la rencontre de 1988, et malgré ses promesses de vendeur de chevaux, Noury augmente d'un cran la violence. Quand il découvre que j'ai un walkman et des cassettes, il me les arrache et déchire les bandes, puis il me bat parce que la musique est interdite pour moi. Jusqu'à cette période, les coups étaient ciblés, c'était des gifles, des fessées, des coups de ceinture sur les fesses ou les jambes : c'était la punition. Désormais, les punitions deviennent des branlées indistinctes, des coups de pied à terre, des coups de poing ; il me jette par terre, tape ma tête contre le mur ou au sol, m'étrangle… Il y met sa force d'homme et toute sa haine.

Après 1992 viendra le temps de la révolte.

12.
L'ultime trahison

« Donner la parole à la douleur : le chagrin qui ne parle pas murmure au cœur gonflé l'injonction de se briser. »
William Shakespeare, *Macbeth*.

Paris, 2021

J'ai décidé de faire changer mon nom. Cela n'a rien à voir avec une quelconque volonté d'échapper au racisme. Je combats le racisme, je ne le fuis pas. Je suis blonde, les yeux clairs, habillée à l'européenne, je ne porte pas souvent de bijoux ethniques, je laisse donc peu d'indices. Et ce matin, en short et *crop top*, il faudrait être Umberto Eco ou Philip Marlowe pour me réduire à mes origines algériennes. Ou la directrice de l'école de commerce dont je viens de franchir le seuil… Je me suis présentée à l'heure, l'accueil a été bon, mes diplômes conviennent, bref, je vais décrocher le poste et je suis ravie parce que j'ai bien besoin de me refaire une santé après mon COVID. Tout va bien… jusqu'à ce que je lui tende mon passeport :

« Je reviens, je fais la photocopie pour le dossier ».

Elle met un temps fou à revenir et je comprends, dès qu'elle ouvre la porte, que quelque chose a mal tourné. Avenante et déterminée au téléphone puis pendant le début de l'entretien, elle est devenue lointaine et vague :

« Il faut qu'on réfléchisse encore, on vous appelle. De toute façon, on n'est pas encore sûrs de recruter…

— Ah bon ? Mais vous l'étiez il y a dix minutes ! »

À ce stade, je n'ai pas encore compris. Le déclic se produit quand, perplexe, je franchis la porte, juste après avoir serré sa main molle. Je me retourne, je suis un bloc de colère :

« C'est mon nom ? Vous avez vu mon nom arabe sur ma carte d'identité, c'est ça hein ? »

Elle baisse les yeux. C'est ça, oui. Je ne sais plus quoi faire, partagée entre l'envie de me jeter physiquement sur elle et la nécessité impérieuse de m'éloigner au plus vite de cet espace toxique. Je me jette sur elle, je la fixe avec toute la fureur qui m'habite, à vingt centimètres de son visage, je dis : « Yen3al din rabbkoum[47] ! » Quelques années plus tard, je lirai le beau livre de Hamid Aït-Taleb, devenu Xavier Le Clerc, et la colère me reprendra d'entendre ce multi-diplômé dire à Léa Salamé[48] qu'en envoyant le même CV aux mêmes entreprises il n'avait jamais de réponse avec son nom arabe quand il en avait une centaine avec son nom français. En France, en 2022.

Je ne suis pas la plus exposée au racisme, mais j'ai eu ma dose. En 1995, à peine rentrée en France, je suis caissière au Félix Potin de Boulogne. J'ai du mal à respecter les horaires car j'arrive de Charenton et c'est la grève partout en Île-de-France[49]. Ce

47. « Maudits soient vos dieux et vos religions. »
48. « La Matinale », 7 septembre 2022.
49. Grèves de 1995.

matin-là, mon dernier dans ce supermarché, ma chef de caisse me convoque :

« C'est inadmissible d'arriver en retard, tu es mal élevée, comme tous ceux de là où tu es née. »

Je me suis fâchée, j'ai été virée, mais je suis partie avant en claquant la porte. Elle est Franco-Portugaise, elle née au Portugal et moi à Lyon ! J'ai l'impression d'être dans un sketch de Coluche. Les discriminations sont aussi nombreuses à l'université. Mes camarades de promo ont fait leur thèse en six ans, moi en quatre, ils sont titulaires, moi pas encore, ils ont des noms français ou italiens…

Un nom français m'aurait aidé, tous ceux qui portent un nom arabe savent cela… mais encore une fois, ce n'est pas ma motivation. Je veux un nom français parce que je ne veux plus porter le nom de mes bourreaux. La procédure est longue. Alors parfois, quand je suis de bonne humeur, à la question « État civil ? », je réponds… : Compliqué !

À l'université, mon identité arabe est une gêne, place de la République, c'est mon identité française qui est une gêne… Décidément, oui, état civil compliqué !

Terrasse du Barlu, juin 2022

Attends, j'ai un message de Pearl. Je regarde mon téléphone : « Toujours rien. J'attends. Mais j'ai décidé, je vais partir sans ma sœur. Quand je serai en France, ce sera plus facile de la faire revenir. »

On en était où ? Ah oui, Pépé me rend mes papiers. Ils sont périmés, mais j'ai un plan. Pépé m'apprend aussi qu'Annie est en

Algérie – « Elle a repris tes sœurs qui étaient chez nous » – et me demande si je veux la voir.

Cela a été très compliqué de nous retrouver de nouveau car je sors difficilement. Pépé est revenu chaque jour dans un des magasins du quartier, comme nous l'avions imaginé : un jour chez l'épicier, un autre chez le tailleur. Lundi ici, mardi là… pour n'éveiller aucun soupçon. Et je devais venir dès que je pourrais. Finalement, les conditions sont réunies le septième jour après notre première rencontre, la sœur de Khalid a fait exprès une commande dans un magasin pour qu'on justifie le fait d'y aller. Je retrouve Pépé vers les cabines d'essayage et il me donne mes papiers. « Comme je souhaite que tout aille bien, je te dis adieu », me dit-il. De fait, je ne l'ai plus jamais revu, même si tout ne va pas bien marcher…

En même temps qu'il me rend mes papiers, Pépé me donne l'heure et le lieu du rendez-vous fixé avec ma mère. C'est loin, de l'autre côté de la ville, et il est devenu de plus en plus difficile, pour une fille seule, de se déplacer, à Annaba ou dans n'importe quelle ville ou village d'Algérie. Ma mère ne peut l'ignorer. Pourquoi ne m'a-t-elle pas donné un rendez-vous plus proche ? Khalid propose de prendre la voiture aux vitres teintées de son père, mais c'est irréalisable pour de nombreuses raisons, la moins convaincante étant qu'une femme non mariée va en prison au premier contrôle de police si elle est surprise en voiture avec un homme. Et puis je refuse qu'il se mette en danger pour moi. Je vais prendre l'autobus. C'est un calvaire. Je suis collée et tripotée par tous les hommes autour de moi. J'ai appris à pratiquer le coup de l'épingle, très connu au Maghreb. J'enlève une épingle de mon voile et je pique les colleurs qui, en général, n'osent pas regimber. Je porte un tchador complet. C'est pratique, on m'insulte moins que les femmes qui ont juste un foulard, et je ne risque pas la mort, comme celles qui n'ont rien. Le rendez-vous est dans un quartier de banlieue, au fond d'une impasse. Je repère tout de suite la voiture aux vitres noires et aux plaques diplomatiques qui permettent de ne pas être trop ennuyé aux nombreux barrages. C'est la guerre. J'ouvre la portière arrière côté rue. À ce moment-là, je suis heureuse, peut-être même que j'aime ma mère. En tout cas, je suis pleine d'espoir. C'est ma mère. Je me souviens exactement de ce maëlstrom de sentiments qui me pousse à la prendre dans mes bras dès que je suis assise ; ou plutôt, j'essaye de me lover dans les siens. J'attends qu'elle les referme mais elle ne le fait pas. Alors je me blottis pour forcer sa tendresse. Elle finit par avoir un geste qui m'anéantit, une petite tape dans le dos, comme à un enfant qu'on rassure en pensant à autre chose. C'est la panique dans ma tête. Je parle la première :

« Comment ça va ?

J'aurais dû me douter de la réponse, j'ai entendu cette phrase toute ma vie :

— C'est pas le moment.

C'est toute la brutalité de mon enfance qui me saute à la gorge. Je pense : *Pourquoi n'es-tu pas venue me chercher* ? mais j'ai tellement peur de la réponse... Je dis :

— Cela fait longtemps que vous êtes ensemble avec mes sœurs ?

— C'est pas le moment.

Encore ! Puis finalement :

— Qu'est-ce qu'il y a ? Pépé m'a dit que tu voulais me voir. »

Les mots m'assomment. Est-ce qu'elle a oublié ce qu'elle a fait ? Ou bien suis-je folle moi-même ? Est-ce que je n'ai pas inventé mon malheur ? Rêvé ? Je suis terrifiée. Je mesure à cet instant le déni, nécessaire, dans lequel j'ai vécu ces dernières années, idéalisant ma mère pour ne pas sombrer, l'associant mentalement à l'enfance, à la France, au bien… pour me garder des repères, un espoir. Je ne veux pas « la voir », je veux m'échapper, retrouver ma vie, mon enfance volée. Renaître. Je suis abasourdie du naturel de sa désinvolture, on dirait qu'on s'est vues la semaine dernière. Sentant la tension monter, elle sourit et devient même volubile, mais je ne tarde pas à comprendre qu'elle cherche simplement à savoir ce que je sais.

« Cela fait longtemps que tu vois Pépé ? Qu'est-ce qu'il t'a dit ? Tu l'as vu plusieurs fois ?

Je réponds la vérité à tout :

— Non, c'est par hasard, deux fois, il a dû te le dire, non ? »

Mes réponses semblent la satisfaire, elle se renfrogne de nouveau. Elle demande quand même si j'ai parlé à quelqu'un de notre rendez-vous. Je réponds que non, même si j'en ai parlé à Khalid et à sa sœur.

« Donc Pépé t'a donné tes papiers ? Tu les as ? »

Je ne réponds pas ; d'un coup j'ai peur. Je repense au départ de Mauguio, je revois Annie qui m'enjoint de ne donner mes papiers à personne… Je ne réponds pas. Après que Pépé m'a rendu mon passeport, j'ai cherché où le cacher. Et l'endroit le plus sûr m'a semblé ma culotte. Alors j'ai cousu des poches dans plusieurs de mes sous-vêtements. Évidemment, je les ai toujours sur moi, et comme je lave mon linge moi-même… Le seul risque, c'est Noury. Une fois, il est venu me tripoter alors que je portais l'une de ces culottes, j'ai hurlé et je me suis débattue comme jamais jusqu'à ce que la femme de Moufid vienne. Avant je ne m'étais jamais défendue, il a été tellement étonné qu'il ne m'a pas battue.

À ce stade, je me dis encore que la voiture va démarrer, que ma mère va m'emmener. Mais cela ne se produit pas.

« Est-ce que tu m'emmènes ? finis-je par demander à voix basse. Mais je connais déjà la réponse :

— C'est trop dangereux, il y a des barrages, et tu ne veux pas donner tes papiers…

— Mais on a des plaques diplomatiques !

— C'est pas le moment, on va rentrer chacun chez soi et tu me rejoindras à Alger.

— Mais comment vais-je venir ?

— Tu te démerdes ! »

Il y a des choses qui ne changent jamais. Elle ajoute qu'elle a accès aux listes de passagers et qu'elle viendra me chercher à l'aéroport quand elle saura que j'ai pris un billet.

Sauf que moi je n'ai pas d'argent, pas de téléphone, pas le droit de prendre l'avion sans mon tuteur.

Je reste mutique. Tout me dit de me méfier d'elle. Je n'ai pas confiance même si je suis encore très loin d'avoir tout compris.

Enfin je dis :

« Mes papiers sont périmés, de toute façon.

— Ça se refait, c'est facile, et puis je bosse à l'ambassade !

Je marque un temps d'arrêt. À l'ambassade ? J'ai laissé Annie désœuvrée et instable à Mauguio et la voilà qui travaille dans une grande ambassade ? Je me dis que la famille l'a aidée[50].

Je reste muette. Je m'attends à ce qu'elle m'engueule pour me faire descendre de la voiture, mais cela n'arrive pas. Je demande alors :

---

50. Aujourd'hui encore j'ignore quel était exactement son emploi à l'ambassade de France à Alger. Au sujet de son embauche, les années quatre-vingt et quatre-vingt-dix étaient encore de belles années pour la diplomatie française et les ambassades recrutaient plus facilement qu'aujourd'hui.

« Est-ce que tu vas me ramener ou m'avancer vers chez Noury parce que c'est loin et le voyage a été dangereux ?

— Tu te démerdes, sors de la bagnole. »

Je sors. Je rentre en autobus. Je me sens bizarre. Je me dis qu'elle est peut-être en cheville avec mon oncle, en même temps je veux y croire. J'espère que je vais partir. Mon bus arrive juste à temps en face de la fac pour que je retrouve Khalid et sa sœur avec qui on a convenu qu'ils m'attendraient jusqu'à une certaine heure au cas où ma mère ne m'emmènerait pas ou bien s'il y avait un imprévu. Ils sont à la fois heureux et tristes de me voir revenir. Khalida est très triste, elle a mieux compris que Khalid, et que moi aussi sans doute. Quelques jours plus tard, Khalid me prend un billet à mon nom. Il dit qu'il va m'accompagner et qu'il restera deux jours à son appartement algérois pour que je puisse m'y réfugier si les choses devaient mal tourner. Au début, je refuse, je ne veux pas risquer sa vie, mais il insiste, alors j'accepte. Le soir, en nous embrassant, on rêve même de partir tous les deux si toute l'affaire capote. C'est impossible et nous le savons, mais cela fait tellement de bien.

Quand j'arrive à l'aéroport d'Alger, ma mère est bien là à m'attendre. Comment a-t-elle fait pour connaître mon heure d'arrivée ? Mon billet n'a été pris que l'avant-veille ! Aujourd'hui encore je m'interroge. Je vais vers elle, je sais que Khalid veille sur moi, au loin. Je suis protégée. Presque heureuse. Alors, je m'approche de ma mère et je la prends dans mes bras mais, encore une fois, elle reste de marbre, les bras le long des jambes. Pourtant je me sens de nouveau en confiance. Je suis à Alger avec ma mère, ma vraie famille. Je me retourne, je vois Khalid au loin, je fais un petit signe de la main que lui seul peut comprendre.

Nous montons dans un taxi qui nous dépose à la maison de Telemly. C'est en plein centre-ville, à dix minutes de marche de chez Khalid, où je me réfugierai facilement si les choses tournent mal. Dès que la porte s'ouvre, je vois mes sœurs, on s'embrasse, je les serre contre moi, elles me répondent, elles. Je sens même leurs corps trembler. Si l'on excepte l'épisode de 1988, cela fait plus de huit ans que je ne les ai vues. Les embrassades se prolongent mais Annie intervient :

« Ce n'est pas le moment de s'embrasser.

On se regarde toutes les trois, interloquées…

— Ben si, dit Rose.

Annie nous demande d'aller nous asseoir dans le salon.

— Faisons des crêpes pour fêter ça, j'adore les crêpes ! dit encore Rose.

Je réponds que je n'en ai pas mangé depuis huit ans, c'était *haram*. Cela me va.

— On va te faire une tour Eiffel de crêpes.

J'aime bien l'image. Mais Annie casse encore l'ambiance :

— Vous n'allez rien faire du tout, vous vous asseyez toutes. »

Je me doute qu'il va se passer quelque chose. Mon enthousiasme initial s'étiole. Mais nous nous exécutons. Je m'assieds au milieu du canapé, mes sœurs sur deux fauteuils proches, Annie sur une chaise face à moi. Ma mère prend un ton hostile, enfin, plus hostile encore :

« Faut que je t'explique la situation, tu n'es pas en vacances, ici, ce n'est pas la fête. »

Pour commencer, elle m'interdit de quitter l'appartement, afin de « ne pas nous mettre en danger ». Je ne comprends pas pourquoi je les mettrais en danger. Je consens mais je me sens mal, cela m'aurait étonnée de n'être pas encore coupable de quelque chose...

« Ok, on va t'aider si on peut mais tu ne vas pas nous refoutre dans la merde, parce que tout ça c'est quand même à cause de toi. »

À cause de moi ? Mon enlèvement est à cause de moi ? Et les coups de Noury ? Et la séparation de mes sœurs ? Je la regarde avec des yeux ronds. Sa bouche se pince, ses yeux me fixent, elle dit en détachant chaque syllabe et en prononçant le e final :

« La lettre. »

13.
Les années de plomb

« C'est au nom de la morale, c'est au nom de l'humanité,
qu'ont été commis les pires crimes contre l'humanité. »
Boris Cyrulnik et Tzvetan Todorov, *La tentation du Bien est beaucoup plus dangereuse que celle du mal*,
Éd. de l'Aube, 2017 et 2022.

J'écoute à la radio Samia Ammour parler de sa jeunesse en Kabylie durant la décennie noire[51]. Noura est de mon temps et de ma souffrance. Son exil est le mien. C'est à moi, à mes mains, mes yeux, mes oreilles, à ma haine et à ma peur qu'elle raconte le voisinage pestilentiel de la mort, le dépassement de la peur, la nécessité de se réfugier en soi pour survivre, et l'arrachement…

Dans les années quatre-vingt-dix, la terreur islamiste règne en Algérie. Je ne suis pas une spécialiste des relations internationales, mais je sais qu'elle n'est pas arrivée par hasard, que les puissants y ont trouvé leur intérêt, et que c'est le peuple qui a payé l'addition.

D'abord il y a les « grands morts », les présidents et les artistes tombés pour de grandes causes et de petites disputes. Il y a

51. Samia Ammour : « Mon exil a été forcé », « Parcours de combattants » produit par Nassira El Moaddem pour France Inter, 03-07-2022.

Mohamed Boudiaf[52], le président du Haut Comité d'État algérien, assassiné dans le centre d'Annaba. Et puis le professeur Tahar Djaout[53], criblé de balles devant chez lui par les assassins du FIS parce qu'il était « communiste » et « un ennemi de l'islam », dira le communiqué de revendication. Et le poète Youcef Sebti[54], le journaliste Smaïl Yefsah[55], l'écologiste Salah Djebaïli[56], et l'écrivain Abderrahmane Chergou[57], poignardé des dizaines de fois alors qu'il criait « non, non, non… » comme un ultime refus, et le psychiatre Moufid Boucebci[58], et le journaliste français Olivier Quemener[59]…

Un jour où je marche dans Annaba, je suis interloquée : de tous les magasins de la rue principale montent les accents de la musique de Cheb Hasni ; j'arrête une vendeuse et je lui demande la raison :

« Quoi ? T'es pas au courant, on vient de le tuer en bas de chez lui ! »

J'ai pleuré dans la rue. Les journalistes sont très souvent tués. Les cadavres sont filmés et la télévision nationale les passe chaque fois, pour bien montrer la barbarie des terroristes. Parfois, entre les émissions, on nous montre des images de la morgue avec des gens égorgés, pour qu'on ait peur des terroristes. Parfois on voit des égorgés recousus. Un soir, je vois une maman avec un enfant

52. Le 29 juin 1992, il était en poste depuis janvier. Héros de l'indépendance, membre fondateur du FLN.
53. Le 26 mai 1993, grièvement blessé, il meurt quelques jours plus tard. Il a 39 ans. C'est l'un des plus célèbres journaliste écrivain du pays.
54. Égorgé le 28 décembre 1993. Il enseignait aussi la sociologie.
55. 18 octobre 1993.
56. 31 mai 1994, footballeur international et chercheur.
57. 28 septembre 1994, Membre du Parti d'avant-garde socialiste.
58. 15 juin 1993, il était l'un des fondateurs de la psychiatrie algérienne.
59. 1er février 1994, journaliste indépendant. Un prix portant son nom est décerné chaque année par Reporters sans frontières.

de chaque côté, ils sont égorgés et recousus. Son ventre à elle est ouvert, elle est enceinte et le fœtus est recousu. Elle a une boîte d'allumettes dans la main. Le journaliste dit que les terroristes sont inhumains : « Ils ont assassiné cette famille au moment où la maman s'apprêtait à faire à manger, elle a encore les allumettes dans la main. » Je reverrai longtemps cette boîte d'allumettes. Les terroristes, eux, sont satisfaits car ils veulent qu'on sache ce qu'ils font. Noury m'a interdit la télé, mais pour voir des assassinats de mécréants, ça va.

La fac où j'étudie est souvent fermée. Murée. C'est une université de mécréants. Un jour, les étudiants décident d'occuper la fac[60]. J'ai prévu d'en être, sans le dire à personne, évidemment, mais la nuit avant l'occupation, les terroristes attaquent la résidence universitaire. Ils enlèvent des dizaines de filles, égorgent les autres… L'occupation est annulée.

Et puis il y a eu les « grands » attentats, faisant des dizaines de morts, contre un commissariat à Alger[61], l'aéroport Houari-Boumédiène[62], une résidence diplomatique[63], un consulat… et le détournement d'avion, les égorgements de masse dans les villages.

Après mon départ, à Bentalha, le GIA et les militaires assassineront plus de quatre cents personnes. On tuera encore le chanteur de raï Cheb Aziz, et l'immense Lounès Matoub[64], et les moines de Tibhirine[65]…

60. Une scène d'occupation de fac est très bien rendue dans le film *Papicha*, de Mounia Meddour.
61. 30 janvier 1995, 42 morts.
62. 26 août 1992, 9 morts, des dizaines de blessés.
63. 3 août 1994 contre du personnel français à la cité Aïn Allah, 5 morts.
64. 25 juin 1998, poète algérien d'expression kabyle.
65. 21 mai 1996, 7 morts égorgés.

La peur est quotidienne et glaçante. Pour moi, la mort à cette époque a le visage d'amies proches et aimées. Celui de Yezza, à Annaba, en 1993. Avec Yezza, nous avons des cours communs de maths à l'université et, quand on ne vient pas me chercher, nous rentrons ensemble. Son papa est un intellectuel, il écrit des livres et il est engagé dans la promotion de la francophonie en Algérie. Ce matin, il nous emmène chez une autre amie, à côté de notre ancien lycée – nous étions au lycée ensemble avec Yezza mais nous nous fréquentions peu ; les calculs de Al-Khwarizmi[66] et le train douga douga[67] nous ont rapprochées. Quand son père arrête la voiture, nous descendons pour attendre dehors. Nous ne risquons rien, nous sommes voilées. Yezza tourne le dos à son père, qui est resté assis au volant, moi je lui fais face, et je guette aussi la porte de l'immeuble d'où va sortir notre amie. Ça y est, elle arrive, elle sourit. Soudain, sur sa gauche, je vois surgir trois hommes. Ils courent et la bousculent. Elle tombe. Je ne vois pas tout de suite les fusils mitrailleurs. Mes yeux enregistrent la scène des hommes se ruant vers nous sans vraiment la comprendre. Qui sont-ils ? Que veulent-ils ? Est-ce vraiment vers nous qu'ils se dirigent ? Ou bien doivent-ils rejoindre quelqu'un qui se trouve derrière nous et que je ne vois pas ? La seule chose que mon cerveau capte avec certitude, c'est que ce ne sont pas des militaires. Ils n'ont pas d'uniformes mais de longues djellabas. Et ils sont masqués. Je me souviens que je veux crier mais aucun son ne sort de ma bouche. Ils sont à moins d'un mètre de la voiture, le père de mon amie lève les yeux. Il tourne la tête vers nous. Yezza se retourne au même moment. Elle hurle. Je regarde la tête de son

66. Mathématicien arabe (780-850). Il classifie les algorithmes. On l'appelle aussi le « père de l'algèbre ».
67. Voir chapitre 16.

père exploser au bout de trois fusils qui tirent sans discontinuer pendant des secondes qui sont des heures. La place est vide. Un des hommes nous jette à terre à coups de poings. Nous tombons l'une sur l'autre. Je suis au-dessus. Au loin, je regarde notre amie blottie dans l'angle du porche de son immeuble. Une vieille Mazda s'approche. Les trois hommes recommencent à tirer, en l'air, comme pour prévenir toute velléité d'intervention de la part des passants, qui sont loin, de toute façon. Le temps qu'ils s'engouffrent dans la voiture, le silence devient total. Assourdissant. Je revois Yezza à l'enterrement de son père, elle n'arrête pas de crier. J'essaierai d'aller la voir ensuite. Mais on me dira qu'elle ne veut plus voir personne, qu'elle ne parle plus, puis qu'elle est devenue folle.

À cette époque, on kidnappe beaucoup de femmes, surtout jeunes. Parfois on ne les retrouve pas, parfois on les retrouve abandonnées, mortes, dans une décharge ou au bord d'un rocher, parfois elles reviennent, les terroristes les rejettent encore vivantes dans la rue ou devant chez elles, mais c'est presque pire parce qu'elles ont souffert mille supplices et, pour cette société patriarcale obtuse, le pire d'entre eux, le viol, elles sont au rebut. De temps en temps, on entend dire qu'une est revenue enceinte, donc coupable, une autre balafrée... En 1992, une amie proche est kidnappée. Elle est étudiante, jeune, athée. C'est une façon dangereuse de militer. Elle disparaît pendant plusieurs semaines. Et un jour elle est jetée d'une voiture devant chez elle. Ils l'ont gardée six à huit mois. Puis ils se sont fatigués. Elle était déjà folle en revenant. Ses parents l'ont jetée à la rue. Elle s'est suicidée. À Beauséjour, d'un côté, nos voisins sont des étrangers, des Allemands, je crois, qui sont partis dès le début des années quatre-vingt-dix. Mais de l'autre, vit la famille M. que je connais depuis que je vis ici. Je suis amie avec Rachida et Fatima, les filles aînées. Nous sommes allées à l'école ensemble. Nous nous voyons moins depuis l'université car nous suivons des cycles différents ; surtout, nos parents ne se fréquentent plus depuis la radicalisation de Noury, qui nous a coupés de beaucoup d'autres amis ; mais je passe encore de temps en temps chez elles, enfin, quand j'en ai la permission… Avant les événements, j'aimais beaucoup aussi m'occuper de la petite sœur de Rachida et Fatima. Cette année, elle doit avoir 5 ans. Parfois, j'aimais bien aussi emprunter un livre dans la bibliothèque du père de mes amies, qui est professeur de philosophie à l'université, même si je ne pouvais pas le rapporter à la maison. C'est lui qui m'a dit un jour que « le problème avec l'islam, c'est qu'il n'a qu'un livre, ce n'est pas suffisant pour éveiller l'esprit critique, il lui en faudrait plusieurs ». « L'esprit critique »… l'expression me percute, j'en ferai une règle de vie. Nos jardins sont mitoyens et il y a une porte de communication entre les deux. Un matin, je m'aperçois que la porte est grande ouverte, alors qu'elle est toujours fermée depuis la guerre. Je passe la tête et j'aperçois, sur la terrasse, la grande porte de la maison qui bat au vent. Je m'approche et je pénètre dans le hall. Je vois des taches rouges par terre, c'est du sang. Les taches sont rondes avec un bord dentelé. Cela me frappe parce que j'ai suffisamment saigné du nez après les branlées de Noury pour reconnaître que le sang est tombé en grosses gouttes, comme quand on se coupe et qu'on tient haut sa main, ou bien comme d'un nez qui saigne. À gauche, les deux battants du salon bâillent, j'ai le pressentiment du drame au moment où je le découvre. Mes deux amies gisent à terre. Elles ont été égorgées. Fatima tient sa gorge avec ses deux mains, comme pour rapprocher les deux lèvres de la coupure mortelle. Un peu plus loin, leur père est là aussi. À lui aussi on a taillé le cou, mais si profond que sa tête se détache de son corps. Je ne sais pas pendant combien de temps je suis restée pétrifiée devant ces corps démembrées. Des images ont traversé ma tête : il fait beau, nous allons à l'école, le père fume sa pipe dans un grand fauteuil club, la maman nous prépare un goûter… Je ne crie pas. Du moins je n'en ai pas le souvenir, mais je sors de la maison à reculons. Puis, arrivée à la porte de la terrasse, je me mets à courir vers la porte du jardin puis jusqu'à la cuisine de chez nous. Je trouve Naadi, l'épouse de Moufid. J'essaye de parler. Je suis en nage. Il faut bien un quart d'heure pour que je me calme et que je réussisse à expliquer la situation. Je décris la scène d'horreur que j'ai découverte, je dis pourquoi la porte ouverte m'a intriguée, j'essaye de faire comprendre mon angoisse… Mais soudain Naadi m'interrompt pour poser la question à laquelle j'aurais dû penser d'emblée :

« Est-ce que tu as vu la toute petite ?

Je repasse en accéléré la séquence devant mes yeux : la porte, la terrasse, Fatima, Rachida, leur père, le sang… où est la petite sœur ?

— Et la mère ? », ajoute Naadi.

On se précipite de nouveau vers la maison. Je ne veux pas y aller mais Naadi me pousse, elle me donne du courage, même si je vois qu'elle a peur elle aussi. Arrivées dans le salon, on appelle doucement ; dans la panique j'ai oublié le prénom de la petite, c'est Naadi qui me le redonne en l'appelant à voix feutrée :

« Salma, Salma… »

Pas de réponse, on appelle plus fort, on crie, on cherche, on fouille toutes les pièces, l'étage. Je finis par la trouver. Elle est terrée sous le lit des parents, dans l'angle le plus lointain. Étonnée, elle nous dira qu'elle est restée très longtemps sans faire de bruit. C'est Fatima qui lui a dit de se cacher là. Sur le lit, il y a sa mère, égorgée.

Le massacre de mes amies reste en cauchemar dans ma tête encore aujourd'hui. Noury dit que c'est normal, c'était des mécréantes et leur père travaillait à la préfecture avant, c'est pour cela qu'ils ont été tués. Il était en retraite mais cela ne fait rien. Noury dit qu'on ne risque rien si on est avec lui, et tant qu'il ne décide pas de nous tuer lui-même. Il en a le pouvoir.

Aujourd'hui, quand j'essaye de raconter ces années-là à mes amis ou à ma famille, je perçois l'incrédulité, je lis dans les yeux de mes interlocuteurs le « tu exagères ».

Heureusement, à la radio, Noura dit la même chose que moi. Elle raconte ses amies assassinées devant elle, la peur permanente, la paranoïa, même, qui s'installe dans les familles.

Les deux dangers de l'Algérie de cette époque sont les intégristes et la police. Presque à niveau égal. Avantage aux fous d'Allah, quand même. De ceux-là, Noury est censé nous protéger, puisqu'il fait partie de leur bande. Mais ce n'est pas si simple. Il y a des groupes, des jeux de pouvoirs. Je crois que Noury est dans les hautes sphères, mais depuis qu'il a tué un homme devant la mosquée, il ne cache pas son inquiétude. Les amis de l'homme l'ont en ligne de mire et Noury n'est pas sûr de compter sur ses propres « amis ». Et puis il y a la police. Quand Noury a été arrêté la première fois, je sais qu'il a été battu. À la maison, les conflits éclatent souvent aussi entre Noury et ses frères. L'atmosphère est pesante. Tout le monde suspecte tout le monde. Moi comprise. Après le décès de Yemma, je surprends un dialogue entre Haya et la vieille dame pauvre chez qui Yemma m'avait envoyée un été en « vacances ». J'entends :

« Si tu ne continues pas ce que ta mère Yemma faisait, la petite va se réveiller. C'est moi qui faisais les prépas, je t'ai ramené ce qu'il faut pour un mois, je te ramène le reste plus tard. »

Ici, il faut que je fasse un aparté. La frontière entre la croyance et la superstition, entre le sacré et le maléfique, est étroite et poreuse dans les sociétés religieuses. Et l'Algérie des années quatre-vingt-dix est une société en pleine redécouverte de sa religiosité. Chez les D., on est éduqués et riches, mais la maison et les discours regorgent de pattes de poulet et de conjurations du mauvais œil. Hypersensibilité au hasard ou plutôt à son impossibilité, qui suppose qu'une main maléfique agisse à sa place, et donc que le destin commande. Tout est écrit. Rien de bien différent du grand cinéma catholique de Bresson ou Rohmer, par exemple… sauf que dans les incarnations maghrébines quotidiennes de la croyance, on trouve des potions, des formules, des imprécations… et le discours que j'entends ne me choque pas. J'ai intégré l'idée qu'on peut, par des stratagèmes ou des liqueurs, agir en secret sur la psyché d'un individu. Par exemple, quand le mari d'Haya la trompait, on ne disait pas que c'était un coureur lâche et menteur, mais que sa maîtresse l'avait ensorcelé. D'une manière ou d'une autre, la femme était coupable. Des terroristes et des islamistes, on disait aussi qu'ils avaient été l'objet d'un sort. La sorcellerie, le mauvais œil, même dans une société très religieuse, cela a du poids. Quand mon oncle Moufid a eu des abcès énormes, on a aussi dit qu'il avait mangé du rat empoisonné, par exemple – c'est souvent le rat qui est accusé. Faire de la sorcellerie, c'était pécher, mais il y en avait partout.

Révoltée, je surgis donc dans la pièce en criant :

« Vous voulez m'empoisonner pour me forcer à rester mais votre drogue ne marche pas puisque j'ai toujours voulu rentrer, vous n'arriverez jamais à prendre mon esprit. »

Mais en 1990, j'ai un ulcère à l'estomac et je fais le rapprochement. Je me convaincs que ma nourriture est contaminée par du rat mort – c'est une menace familière – ou des épices qu'on me fait ingurgiter. Je dis que je ne mangerai plus à la maison, une promesse bien difficile à tenir. Plus tard, j'ai cherché à comprendre : Qu'est-ce qu'on me donnait ? De quelles préparations parlait cette vieille folle ? Yemma tentait-elle de soumettre ma raison par la chimie des potions ? Avais-je rêvé tout l'épisode ? Dans l'adversité la plus brutale, malgré les souffrances les plus violentes, les meurtrissures les plus lourdes infligées à mon corps, au cœur de mon malheur et même dans la pleine conscience de préférer me donner la mort plutôt que de renoncer, je n'ai jamais senti que mon esprit était dominé.

14.
La lettre

« Elle a déjà oublié. Elle jurera sur sa tête couronnée que j'invente. Cette imagination tarée, vouée à détruire les siens, elle ne demandera pas où je l'ai prise, elle le sait. [...] Elle dira que je mens pour tout. Mais cela n'a pas d'importance, c'est moi qui écris. »

Maria Pourchet, *Toutes les femmes sauf une*, Pauvert, 2018.

Paris, 24 mai 2022

Ce soir a eu lieu le premier rassemblement public du collectif Enfantiste[68] qui m'a invitée à présenter la cause et l'association des EVRP. Nous nous sommes donné rendez-vous devant l'Hôtel de Ville à 18 heures. J'ai été contactée par Claire, la veille :

« On est un peu dans l'urgence, mais accepterais-tu de prendre la parole au nom des enfants raptés ?

— Évidemment, c'est le cœur de ma vie, je ne fais que cela. »

J'ai donc pris la parole en mon nom et au nom de l'association. Personne ne peut vraiment parler pour les enfants raptés,

---

68. Le collectif Enfantiste, créé par Claire en 2022, regroupe différentes associations contre toute violence faite aux enfants.

personne d'autre qu'eux-mêmes, et le chemin est si long pour libérer cette parole-là… Il est essentiel pour eux de comprendre qu'ils ne sont pas seuls. D'autres vivent ce qu'ils vivent, ressentent les mêmes trahisons, espèrent la même libération.

Quand je suis rentrée d'Alger à Annaba, après la rencontre de 1988, ma solitude était terrible. On m'a cachée, soustraite à d'éventuelles recherches. On m'a isolée. Mais c'était trop tard. J'avais repris espoir, compris que d'autres enfants vivaient mon calvaire. C'est là que j'ai décidé qu'un jour j'écrirais ce témoignage. La première étape consiste souvent, toujours même, à combattre la culpabilisation. C'est le premier col à grimper, mais c'est une montagne absurde, sisyphéenne. Souvent, je crois l'avoir gravie, et puis un détail, un souvenir, une discussion, me ramènent au pied de mon Everest. Un détail ? Un souvenir ? Une discussion ? Moi c'est une lettre qui sans cesse me fait perdre l'équilibre. Une lettre maudite, clé de mon histoire, abcès brûlant autour duquel s'organise le bal de mes bourreaux et le tour de mon malheur[69].

Alger, juillet 1993

« La lettre », redit-elle sur le même ton.

Les mots résonnent en moi depuis trente ans : « La lettre ». Je devais m'y attendre. Responsable et coupable. Mais de quoi, à la fin ? Mince ! Qu'est-ce que j'ai fait qui mérite qu'on me rejette encore quand je reviens de l'enfer ?

Je la regarde ébahie et triste…

69. Joseph Kessel est l'un de mes auteurs favoris, et particulièrement sa grande œuvre, *Le Tour du malheur*.

« Mais tu sais très bien que j'ai été contrainte d'écrire cette lettre ou, si tu ne le sais pas, tu peux au moins le comprendre quand je te le dis !

Je sais qu'elle ne veut pas comprendre. Je sais que c'est inutile, alors pourquoi est-ce que j'argumente ? Je me replie, je baisse la garde.

— Ce n'est pas la peine de prendre ta pauvre tête de victime, on sait comme tu es, de toute façon je n'ai aucune intention de te récupérer après tout le mal que tu as fait. Tu ne penses jamais aux autres, tu ne penses jamais à moi ! »

Voilà, c'est dit, elle ne me reprendra pas. Elle prononce les derniers mots en hurlant. Mes sœurs s'approchent de moi. Elles me serrent la taille sans que je sache s'il s'agit de m'embrasser ou de me retenir. Il y a tellement de tension. Je sens qu'elles m'aiment mais aussi qu'elles veulent la paix. De mon côté, je suis prête à tout pour réintégrer ma famille, surtout pour quitter l'Algérie et le joug de Noury. Noury justement, elle m'accuse maintenant de l'avoir brouillée avec la famille D.

« Ils auraient pu m'aider, ils sont riches, mais maintenant ils me détestent, c'est à cause de toi ! »

Elle est complètement incohérente, je me rends compte que c'est la haine pure qui s'exprime par sa bouche, et que le raisonnement n'y a pas de place. Car enfin, puisque Noury m'a obligée, dès mon « arrivée » chez eux, à écrire cette lettre, elle devrait bien admettre que je n'ai pas eu à « les convaincre » de la détester ! Et puis, ils ne la détestent pas, enfin je ne crois pas, elle ne compte simplement pas pour eux, mais cela, je ne peux pas le dire. Je lui rétorque qu'elle pouvait venir me voir, que la porte n'était pas fermée, Yemma l'a toujours dit ! Elle n'est venue qu'une fois et c'était déjà pour me dire que tout ce qui arrivait était de ma faute ! Rien n'y fait :

« Avec la lettre et avec tout ce que tu as dit en France, la DDASS et tout ça, j'ai été déchue de mes droits parentaux. C'est pour ça que je n'ai pu récupérer tes sœurs qu'en les faisant évader. »

C'est faux, je le sais parce que Pépé m'en a parlé, de cette « évasion » : ma génitrice s'est montrée très théâtrale pour venir chercher mes sœurs mais « c'est elle, avait dit Pépé, qui nous les a confiées et elle savait qu'elle pouvait venir les rechercher quand elle voulait, pas la peine de jouer toute cette comédie, elle a même alerté la voisine qu'elle venait "faire évader" ses enfants, alors que nous on l'attendait sur le seuil avec les sacs des petites, on était juste surpris qu'elle se manifeste après toutes ces années ».

J'ai écrit la lettre juste après le passage, le seul, d'Annie, chez les D., en septembre 1985. Quand elle est venue à ce moment-là, elle n'était pas déchue de ses droits parentaux, comme elle le prétend, elle aurait donc pu m'emmener.

« Pourquoi ne l'as-tu pas fait, alors ?

Elle s'arrête, balbutie... Je saisis au vol :

— Je ne pouvais pas... DDASS... pas le moment.

Ce n'est jamais le moment avec elle. Et qu'est-ce que l'épisode de la DDASS vient faire là-dedans ?

— La DDASS, c'est en France. En Algérie, ça ne compte pas, tu pouvais m'emmener et au lieu de ça tu m'as laissée en me disant que c'était ma faute et qu'ils m'avaient achetée.

Mes sœurs interviennent :

— S'il vous plaît, faisons des crêpes !

Mais Annie est lancée. Elle me décrit sa vie d'aujourd'hui, pour que je comprenne que je n'y ai pas ma place :

— Je suis avec Younous, maintenant, et j'espère que tu ne vas pas me gâcher la vie avec lui comme tu as fait avec Beny en France.

C'est vrai, j'ai toujours rejeté son amant Beny, mais, au fond, c'est parce qu'elle trahissait Mouloud et cela ne cadrait pas avec les idées de justice et d'honnêteté qu'on essayait de m'apprendre à l'école. Quelques dizaines d'années plus tard, en pèlerinage personnel à Mauguio, je reverrai ce Beny, il s'excusera. Moi aussi. Annie revient à Younous :

— Je vais me marier avec lui dès qu'on sera rentrées en France.

Elle a dit « on », je ne retiens que cela. Est-ce que je suis comprise dans ce « on » ?

Elle se calme :

— Tes sœurs sont mineures, elles ne peuvent sortir sans autorisation paternelle, toi tu n'as pas le droit de sortir d'Algérie. On pourrait par le Maroc, avec nos contacts dans la police, mais il y a des conditions pour toi. ».

Encore une fois, elle laisse planer l'idée qu'elle m'emmènera, mais s'il y a une condition, je me doute qu'elle annonce encore des souffrances pour moi. Et puis sortir par le Maroc… cela me paraît cousu de fil blanc, mais je ne dis rien, j'attends la suite. De nouveau, elle réclame mes papiers. Comme elle travaille à l'ambassade de France, elle est en mesure de me faire faire un nouveau passeport à partir de l'ancien. C'est même comme cela qu'on fait d'habitude, je le sais, mais j'ai peur. Je suis tiraillée. De toute façon, le coup suivant arrive et m'ôte complètement du doute où je me trouve :

« Younous a un ami dans la police, nous lui avons parlé de toi, il a vu des photos, il te veut. Et comme il est haut placé, ce sera plus facile pour sortir du pays. ».

Je suis KO debout. Elle m'annonce tranquillement qu'elle m'a promise au chef de Younous. D'un seul coup, la colère m'étouffe. Je revois les scènes de la chapelle de Mauguio. Je repense aux mains de Noury sur moi, je retrouve la duplicité de Yemma qui m'explique qu'elle ne peut pas s'opposer à mon mariage avec le guerrier d'Afghanistan... Je suis en colère mais… je m'effondre en larmes sur le canapé. Elle ajoute :

« C'est le contrat, je te laisse trois jours pour y penser. »

Et puis, j'y pense, comment ont-ils pu lui montrer des photos de moi alors qu'ils ne m'ont pas vue depuis huit ans ? C'est bien la preuve qu'ils ont eu des contacts avec Yemma et Noury, seuls les D. ont pu leur envoyer des photos de moi ! De quelque côté que je me tourne, je ne rencontre que duperie et trahison. Les terroristes et les policiers sont les deux plaies de l'Algérie de cette époque, les deux responsables de la guerre, pourquoi faut-il en plus que ce soit à l'un puis à l'autre qu'on m'ait successivement promise ? Et puis, de toute façon :

« Je veux me marier avec qui je veux.

Annie se radoucit :

— Mais ne t'inquiète pas, c'est un stratagème, une fois qu'on sera en France, tu pourras divorcer… »

Pour moi, rien n'est plus important à ce moment que de sortir d'Algérie. Je pourrais même accepter un mariage si j'avais une chance de m'échapper ensuite. Mais j'ai la conviction qu'elle me roule. Elle va s'échapper avec mes sœurs et me laisser en Algérie avec cet homme. Elle ne cherche pas à ce qu'on parte tous, elle m'a vendue. Il faut gagner du temps :

« En fait, je suis comme mes sœurs, mineure à vie, puisque tout le monde décide pour moi.

Gagner du temps encore :

— Les D. sont puissants, je serai signalée à la frontière.

Et surtout :

— Noury est mon tuteur, en Algérie c'est lui qui décide pour moi, c'est lui qui donne l'autorisation de sortie du territoire et l'autorisation de mariage !

Et puis, si on reste en Algérie je ne pourrais jamais divorcer ni même rentrer en France. Si on est en France, il ne voudra pas non plus divorcer avant longtemps puisqu'il ne pourrait rester en France. Bref, toute cette affaire est un piège.

— Quel est son intérêt à lui ? Pourquoi m'épouser si c'est pour accepter de divorcer après ? demandé-je à Annie.

Sa réponse me glace :

— Mais que tu es gourde ! Son intérêt à lui, tu le découvriras après le mariage ! »

La lettre, je l'ai écrite en pleurant sous la dictée de Noury et Mouloud, venu exprès d'Alger. Ils m'ont dit :

« Tu dois écrire comment tu vivais en France.

J'ai écrit que j'aimais mes sœurs, et puis l'école, mes camarades, le piano… mais cela ne convenait pas.

— Non, il faut écrire ce que te faisait ta mère.

Et Mouloud se met pratiquement à me dicter la lettre, s'arrêtant de temps en temps pour me poser des questions : est-ce que je mangeais assez ? Y avait-il beaucoup de gens à passer à la maison ? Et puis la drogue qui séchait dans le couloir, l'alcool… J'ai compris tout de suite que c'était un piège, mais j'ai voulu y croire, alors je leur ai demandé :

— Si j'écris tout ça, je pourrai rentrer en France ?

— Oui, a répondu Noury.

— Et si je n'écris pas ?

— Si tu n'écris pas, il y aura ça. » Une gifle énorme s'abat sur ma joue gauche et m'envoie valdinguer contre le mur. Je me rassieds et j'écris. Que puis-je faire d'autre ? J'ai 10 ans, ma mère m'abandonne, des hommes me battent et on me dicte une lettre. J'écris.

« Et puis après tout qu'ai-je écrit de si scandaleux ? dis-je à Annie avec un air de défi. Est-ce que tu ne m'étranglais pas tous les matins sous la douche ? Est-ce que je n'ai pas été arrêtée par la police ? Est-ce que tu ne m'as pas obligée à participer à une orgie ? Est-ce qu'il n'y avait pas de drogue à sécher partout dans la maison ? Qu'est-ce que j'ai dit ? La vérité, et c'est tout, lui lancé-je avec défi.

Elle est désarçonnée mais elle reprend vite ses esprits :

— Tout ça, c'est dans ta tête, tu l'as écrite pour me faire du mal, tu es mauvaise.

Cela me rend furieuse parce que Noury utilise la même phrase « c'est dans ta tête », ce sont des souvenirs abîmés, déformés…

Je suis furieuse mais j'abdique.

— Je m'en fous de tout ça, je n'en peux plus, je veux revenir, je veux rentrer, je veux être avec mes sœurs, dans la maison de Mauguio !

Tourner la page. Retrouver ma vie. Renaître même.

— Ah ! mais voilà encore ma petite pleureuse, la petite innocente, menteuse, hypocrite…

Puis elle ajoute :

— Tu as trois jours pour accepter l'offre, les termes du contrat.

Mes sœurs sont en larmes.

— Réfléchis et profite bien de tes sœurs parce que si tu dis non dans trois jours, c'est fini, tu ne les verras plus. Au troisième jour, je rentre de mon travail à l'ambassade et tu me donnes une réponse ; si tu n'es pas d'accord, je te mets tes oncles et les flics au cul. »

Je réponds que je vais réfléchir. Je suis sérieuse. Elle me laisse, mes sœurs la suivent. Je me laisse tomber sur le divan. Je m'endors mais je ne sais pas combien de temps. À mon réveil, il commence à faire sombre dehors. Annie et mes sœurs sont devant moi. Annie dit :

« Tes sœurs ont quelque chose à te dire.

Rose fait signe qu'elle ne veut pas parler. Je l'encourage. Elle fait non de la tête et m'envoie un bisou. Elle était si intelligente. Fleur parle, forcée par ma mère :

— Vas-y, toi !

Elle se lève dans un état second, elle hurle presque :

— C'est ta faute, tu ne te rends pas compte du mal que tu as fait à maman et à nous, tout est ta faute.

Je dis en larmes :

— Tu ne sais pas, on parlera plus tard, tu dois grandir…

Ma petite sœur dit :

— Bon, maintenant on peut faire des crêpes ?

Ma mère me regarde d'un air méchant et ajoute :

— Mais oui, bien sûr, qu'est-ce que tu veux que ta petite maman te prépare ? Des quenelles ? Tu aimais ça. »

Je dis oui en hochant la tête. Mais mes sœurs insistent pour les crêpes. J'ai donc d'abord des quenelles, puis des crêpes pour dessert. Je mange à m'en faire péter le bide. Au milieu du repas, Annie s'éclipse. Je ne la revois que le soir, quand elle rentre accompagnée de son nouveau fiancé, Younous, le policier. Il ne me regarde pas avec méchanceté mais je me méfie. Elle lui explique devant moi qu'elle attend ma réponse pour le mariage. Younous dit :

« Ce soir, on mange sur le grand balcon. »

Il y a trois balcons dans l'appartement, le grand est celui de la salle à manger. Après dîner, je vais m'isoler sur le petit balcon de la chambre. Younous vient. Je sens qu'il veut être amical, mais pas moi. C'est tout de même lui qui m'a « promise » à son chef. On fait quand même connaissance. D'ailleurs, il en profite pour m'expliquer « le plan ». Il est volubile, fait des gestes, revient dix fois en arrière, sourit tout le temps, je sens qu'il veut me convaincre et me rassurer. Mais au bout du compte, le *deal* est clair : il faut que je me marie pour pouvoir aller en France. Je feins d'hésiter encore, mais ma décision est déjà prise. Je dois m'en aller. Leur plan est pourri, d'ailleurs ils le savent, ils cherchent seulement à m'écarter, d'une manière ou d'une autre, et si cela peut servir leur intérêt c'est encore mieux.

Le soir, mes sœurs ont disposé des matelas dans le salon pour qu'on dorme ensemble. On s'allonge et on parle beaucoup, puis on tombe de sommeil et on s'endort, enlacées. J'ai le souvenir très précis de me réveiller une sœur dans les bras, l'autre sur le ventre.

J'ai passé la plus belle nuit de ma vie.

15.
À la rue en pleine guerre

« On ne s'attend plus qu'à des peines, des chemins sans issue. On s'acclimate, en somme. »
Horace Engdahl, *La Cigarette et le Néant*, Éd. Serge Safran, 2014.

L'une des voix qui m'a aidée à me reconstruire, et même à simplement survivre ces dernières années, est celle de Boris Cyrulnik. Je lui dois tant ! J'ai lu tous ses livres et je l'écoute chaque fois qu'il passe quelque part. Même si je sais que le concept est aujourd'hui galvaudé, et même récupéré par le capitalisme et la pub, je donne à la résilience – avec laquelle il m'a familiarisée – un sens tout personnel : il s'agit de la capacité à intellectualiser sur la durée ma révolte, mon insoumission absolue, à partir des événements dramatiques qui ont jalonné mon passé, événements que j'agence comme je peux afin de construire le récit de ma vie. Ne dit-il pas lui-même quelque part qu'on « invente toujours son passé » ? J'invente donc mon passé. Ce qui ne signifie pas que je n'y pioche que ce qui m'intéresse, m'arrange ou me conforte, mais que je le reconstruis au prisme de mon présent, avec les biais cognitifs de ma vie actuelle. Je cherche en Algérie et derrière les coups de Noury et les trahisons d'Annie des clés qui vont m'ouvrir un chemin, je cherche un espoir, une raison de vivre et cette quête transfigure naturellement le sens ou l'importance de tel ou tel épisode. Yemma a-t-elle été sincère ou manipulatrice, ou un peu les deux ? Noury m'a-t-il aimé ? Et Mouloud ? Et Annie ? Et mon père ? Dans le sfumato complexe de mon existence, les mêmes indices peuvent conduire à des conclusions opposées. Comment m'y retrouver ? Sans doute, comme le dit encore Cyrulnik, en agençant des « briques de vérité » qui vont finir par construire, reconstruire « la chimère de ma vie ».

Alger, juillet 1993

Au lendemain de cette belle nuit, le compte à rebours a déjà commencé. Ma mère et Younous sont partis tôt au travail. On ne les a pas vus. Mais il y a un mot sur le miroir de l'entrée. Annie insiste pour que je ne sorte pas de l'appartement. Et mes sœurs non plus, évidemment. Je flâne dans un vieux tee-shirt piqué à Fleur. Ma sœur veut refaire des crêpes, mais nous n'avons ni farine ni œufs. Nous branchons la télé, encore des images d'attentat. Mais je trouve un canal français. Je n'ai pas vu la télévision française depuis huit ans. Je dévore avec gourmandise un magnifique télé-achat où d'enthousiastes ménagères acquièrent d'inoubliables brosses à vêtements dans un maëlstrom d'occlusives sonores et de vibrantes nasales. La voix de Pierre Bellemare, qui règne sur ce petit marché télévisuel, m'enchante. Je ferme les yeux. Il m'emmène en France. Ensuite on regarde « Hélène et les garçons ». Mes sœurs me disent qu'elles sont fans. Moi je découvre ce feuilleton que je trouve un peu enfantin, mais leur plaisir devant cette petite série gentillette me touche. Plus tard, à Paris, alors que j'irai joyeusement sur la cinquantaine, je ne manquerai jamais un épisode du sequel de la série. « Hèlene et les garçons » me ramène délicieusement vers mes sœurs. Mais la réalité me rattrape. L'ultimatum court. Et Khalid part dans quelques heures. Dois-je courir le rejoindre ou bien rester profiter des trois jours fixés par Annie et Younous avant de rendre ma décision. Je reste. Et je décide d'emmener mes sœurs en promenade, malgré l'interdiction. Pourtant, il faut que je voie Khalid avant qu'il ne rentre à Annaba. Je sais que Mousse, le frère de Mouloud, habite aussi le quartier, j'ai peur de le rencontrer. Mais nous arrivons sans peine au pied de l'immeuble de Khalid. Je demande à mes sœurs de m'attendre dans le hall, qui est un endroit sûr, et je monte. Personne ne répond, Khalid est donc déjà parti. Pourtant il me restait une heure. Nous revenons lentement sur nos pas. Je suis songeuse. Au coin de la rue de « chez nous », Fleur me demande la permission d'acheter des bonbons dans une petite boutique où elles ont leurs habitudes, de l'autre côté de la rue. Je garde Rose à la main et nous allons nous asseoir sur un petit banc que nous venions de dépasser. J'observe notre maison depuis le pont. Il y a une drôle d'activité dans l'entrée et sur la rue. Des hommes vont et viennent en agitant les bras. Des cris nous parviennent. L'hypervigilance est une donnée intégrée de mon être désormais, et il m'arrive souvent de m'inquiéter pour rien, mais là, il y a danger, c'est sûr. Soudain, sur le trottoir d'en face, nous apercevons Fleur, elle est sortie de la boutique, ne nous a pas vues et court vers notre maison, vers le danger. Une voiture surgie de nulle part s'arrête dans un long crissement de pneus à sa hauteur. Deux hommes sortent et se saisissent de ma sœur. Je hurle : « Fleur… ! » L'un des hommes se retourne : c'est Younous. Je suis à la fois soulagée et morte de peur. Pourquoi est-il là ? Il va sûrement me tuer pour n'avoir pas respecté mon engagement et avoir fait courir un vrai danger à mes sœurs.

La voiture fait demi-tour, elle vient vers nous. Younous et son collègue nous font monter à bord en vitesse. Mais nous n'allons pas vers la maison, nous nous dirigeons vers l'ambassade où travaille Annie. Derrière nous, des coups de feu claquent. Younous dit :

« On a reçu une alerte au poste, des terroristes sont dans le quartier, j'ai juste eu le temps de sauter dans la voiture pour venir vous chercher.

À moi, en arabe, il dit :

— Je t'avais interdit de sortir !

Puis se radoucit :

— … mais vous avez bien fait de sortir quand même parce que, pour s'évader du quartier, les terroristes sont passés par notre balcon.

Derrière nous, le bruit des mitraillettes monte encore d'un cran. Des terroristes ? Chez nous ? Est-ce que Noury a envoyé quelqu'un me chercher ? Est-ce que ce sont des islamistes ? Est-ce que c'est un coup monté ? Est-ce que Younous ne cherche pas simplement à nous faire peur en profitant d'une algarade dans la rue ? Je lui pose la question en lui répondant en arabe. Il sourit :

— Crois-moi, je préférerais.

Puis ajoute :

— Fais-moi confiance, d'ailleurs on ne dira rien à Annie, on ne dira pas que vous êtes sorties, je vais l'expliquer à tes sœurs. »

Cela me va.

Nous passons donc à l'ambassade et nous nous garons quelques minutes en attendant qu'Annie nous rejoigne. Puis nous rentrons. Le quartier est calme. L'incident est terminé.

Annie ne pose pas de questions. Mes sœurs disent qu'elles ont envie d'aller manger chez Wang, le Chinois où la famille a ses habitudes. C'est au Maqam al Chahid. L'ambiance est détendue, je souris, Annie aussi. Les nems sont délicieux. Mais soudain, un homme s'approche. Il est visiblement ivre et provoque Younous : « Vu ta sale gueule, avoir deux blondes c'est beaucoup », dit-il en nous dévisageant successivement, Annie et moi. Younous se lève et l'emmène dans la rue. Nous le suivons, paniquées. Younous est furieux, il tabasse le gars sur le trottoir avec une violence qui me rappelle Noury, puis le relève et le menotte à un poteau. Son nez saigne en continu. Il crache du sang aussi. Les petites sont pétrifiées. Annie tente de les rassurer. Younous nous pousse vers la voiture. À la maison, une dispute éclate. Nous lui reprochons sa violence, et même sa cruauté, car, avec le couvre-feu, il y a de fortes chances que le pauvre gars soit ramassé par une patrouille et aille croupir en taule pour un moment.

Younous fait profil bas et va se coucher. Le lendemain, à notre réveil, il nous annonce qu'il est allé le détacher, le « pauvre gars ». Impossible de savoir s'il dit la vérité, mais ce qui est sûr, c'est qu'on peut mourir si on ne respecte pas le couvre-feu.

« On ne doit pas vivre comme ça, dis-je à Annie qui se prépare à partir à l'ambassade. Elle me regarde avec un sourire mauvais :

— T'es pas en France, ici, c'est comme ça ! »

Comme si je ne le savais pas. Finalement, être avec la police c'est aussi dangereux que d'être avec les terroristes. J'ai quitté une famille et un tuteur qui est un terroriste qui est une cible pour une famille avec un policier qui est une cible.

La journée se passe devant la télévision mais je ne retrouve pas l'enchantement d'hier. Bellemare me fatigue déjà. Avec Fleur, on ne reparle pas de son accusation mais le malaise est installé. Le soir, nous dînons à la maison et nous dormons encore ensemble avec mes sœurs. Le jour suivant, Younous rentre avant Annie et nous dit de faire la lessive de ses vêtements. Je pense : *Je ne suis pas ta bonniche, sale con*, mais évidemment je garde ça pour moi. Annie arrive au moment où j'étends le linge. Elle me saute dessus :

« À peine arrivée, tu lui tournes déjà autour, tu fais ta bonniche, c'est ça ?

Je réponds violemment :

— Tu es conne, ton mec je m'en fous, évidemment je n'ai pas pensé ça un instant, c'est lui qui m'a demandé de le faire. Si tu m'avais mieux connue ces dernières années, tu saurais que j'ai un amoureux, mais depuis huit ans tu n'as pas demandé de mes nouvelles et tu me traites comme une étrangère. »

Elle se calme, et la soirée se passe tranquillement, même si tout le monde (sauf mes sœurs qui n'ont pas compris toutes les conséquences du « marché ») fait semblant. On s'endort de nouveau dans le salon. Et au matin, c'est le troisième jour. Avant de partir au travail, Annie s'adresse à moi :

« Si tu es restée, c'est que tu acceptes le mariage, demain on te présentera ton mari. »

Je ne réponds pas. Je sais qu'ils rentrent à 17 heures tous les deux, Younous passant chercher Annie à l'ambassade. Je ne serai pas là à leur retour. L'après-midi, nous cuisinons avec mes sœurs. Alors que nous sommes en train d'éplucher des carottes et des patates, je dis :

« Il faut que j'aille chercher le pain, Annie me l'a demandé.

J'embrasse mes deux amours et je prends mon petit sac. La petite me regarde, m'embrasse encore et dit :

— J'ai l'impression que le pain sera long à cuire. »

Je sais qu'elle a compris mais je ne laisse rien transparaître, surtout ne pas créer de situation qui risque de les compromettre et de les mettre en danger. Et je ne veux pas non plus qu'elles se disputent à cause de ce que m'a dit Fleur l'autre soir, par exemple.

En refermant la porte derrière laquelle je suis sûre que Fleur et Rose pleurent, je n'ai strictement aucune idée d'où aller ou quoi faire. Alors je marche dans Alger. J'erre, plutôt. J'ai l'impression nette, et presque le désir, que ma mort est proche et inévitable. Elle arrive. Elle me voit. Elle me touche déjà. Dans l'instant, le sentiment est sans doute plus métaphysique que palpable mais j'y ai aussi réfléchi *a posteriori*. Et le résultat est sans appel : je n'ai aucune chance de survie. Si mon oncle me retrouve, il me tue ; si des terroristes me trouvent, ils me tuent ; si la police me trouve… Mon existence n'a pas d'issue. Je suis perdue, paniquée. Surtout, je suis fatiguée, alors je me cherche une cage d'escalier pour me reposer. J'aurai bien le temps de mourir demain ! La plupart sont fermées et même barricadées. C'est comme cela à Alger, à Annaba ou ailleurs, depuis le début de la guerre. Mais je finis par en trouver une. Je monte les étages. Au cinquième et dernier étage, je pousse une porte, c'est une petite pièce sans lumière. Des balais et des caisses y sont entreposés, comme dans un grenier ou un grand placard. On ne viendra pas me chercher là. Enfin, pas cette nuit.

Au-dessus de ma tête, j'aperçois une trappe, elle doit forcément mener au toit puisque mon petit logement est au dernier étage. Je reviendrai en 2019 dans cet endroit, pour voir, pour me souvenir, pour me retrouver tapie dans ce réduit froid et obscur, et peut-être mesurer le chemin parcouru. Pendant deux jours je ne bouge pas. J'ai peur. Mais j'ai aussi soif et faim et il faut me résoudre à aller satisfaire des besoins physiologiques dans la rue. Je trouve une impasse où me soulager. Puis un commerçant m'offre quelques fruits, je trouve du pain dans une poubelle, boire c'est plus compliqué car l'eau du robinet n'est pas potable mais je finis par trouver une vieille dame à une fenêtre, qui m'offre un thé. J'en bois presque un litre. Il me faut retourner d'urgence dans mon impasse. De toute façon, la rue est dangereuse... Il me faut absolument de l'aide. La police, c'est la première idée qui viendrait à l'esprit d'un Américain ou d'un Suisse, mais c'est la dernière pour une jeune fille sans argent ni papiers en Algérie en 1993. C'est en regagnant mon réduit que l'idée me vient. Alors que je chemine lentement, je suis bousculée par deux hommes qui rient et parlent fort. Projetée contre un mur, je frotte mon front en maugréant et je ferme les yeux comme pour maîtriser la douleur subite... Quand je les rouvre, je vois une plaque d'avocat ! Voilà, il me faut un avocat, mieux, une avocate, une femme occidentalisée, pour avoir confiance. Je regarde les plaques le long des rues dans le quartier où je suis, c'est un quartier bourgeois. J'en sélectionne une vingtaine. Dès demain matin, je commencerai à sonner aux portes. Pour l'instant, je regagne mon immeuble avec mille ans de fatigue et un tout petit couffin de dattes. Je m'apprête à pousser la porte quand je découvre sur ma droite une plaque de cuivre avec les mots magiques : *Cabinet d'avocats, quatrième étage* ! Juste en dessous de « chez moi ! » Il y a deux noms. Le premier est connu, c'est une grande famille, ils connaissent sûrement les D. ; je choisis le second qui me semble plus commun : B. Betty Je monte vite l'escalier, je frappe, une femme ouvre, elle est habillée à l'occidentale et elle fume.

Avant qu'elle ait fini de dire bonjour, je débite comme une folle :

« Vous êtes madame Betty ?

— Oui.

Elle a une cigarette à la main, cela me donne confiance :

— J'ai besoin d'aide, s'il vous plaît, mais je n'ai pas d'argent, et si vous appelez la police je vais mourir.

Elle me fait entrer et asseoir, me demande si j'ai soif, m'apporte de l'eau, puis me dit qu'il faut probablement appeler les services sociaux pour mon cas. Je m'en doutais.

— Je n'ai pas d'argent, donc je ne vous intéresse pas..., dis-je en retenant mes larmes.

— Ok, assieds-toi, récupère bien. Quand tu seras prête, tu me feras calmement un petit résumé de ta vie avant que tu aboutisses dans le grenier de mon immeuble. ».

J'essaye. L'enlèvement, l'Algérie, Noury, l'évasion, ma mère... Après quelques minutes, je crois qu'elle a compris l'essentiel. Je m'évanouis. À mon réveil, une autre femme, plus âgée, est penchée sur moi. « C'est ma mère », dit l'avocate derrière moi. Elle a un Hayek sur la tête. Je mange encore un peu, puis je m'endors sur le divan où elles m'ont installée. Quand je me réveille, elles m'expliquent qu'elles allaient partir pour le week-end – mais quel jour on est ? – et me proposent de les accompagner pour me reposer. J'ai l'impression que ma vie bascule. Depuis combien de temps n'ai-je pas rencontré de gens bienveillants et désintéressés ? Quelqu'un qui ait envie de m'aider, ou simplement qui en envisage l'éventualité, plutôt que me battre ou me marier ! Elles me mettent dans une voiture. On dépasse deux barrages. C'est dangereux. Surtout si c'est une femme qui conduit, et là nous sommes trois.

On arrive dans une belle maison entourée d'arbres. Les voisins sont loin, c'est la campagne. Un berger passe avec des chèvres. J'ai calculé que nous sommes à peu près à une heure d'Alger. Il y a une terrasse, des fauteuils, un barbecue, cela ressemble à une maison de vacances. Ces femmes sont riches… La maman nous prépare à manger. Et l'avocate m'explique le plan.

« Je te crois quand tu dis que tu es en danger, nous devons réfléchir, je connais ta famille, je connais la puissance de Noury.

Cela ne me rassure pas, mais elle se radoucit :

— On se douche et on mange », dit-elle joyeusement.

Après un bon dîner, Betty m'installe dans un grand fauteuil sur la terrasse et commence à parler avec sa mère. Elles parlent de moi mais ne s'adressent pas à moi. Cela ne me gêne pas, au contraire, je trouve que c'est une marque d'intérêt.

« Notre objectif final est de l'envoyer en France, dit Betty.

— Il lui faut donc des papiers en règle, ajoute sa mère.

Je me redresse et je déboutonne mon jean devant les deux femmes interloquées :

— J'ai mes papiers périmés français et une carte d'identité algérienne dans ma culotte. »

Elles rient. Elles m'apprennent qu'une grande écrivaine française, dans sa jeunesse, avait l'habitude de loger au même endroit les réglisses qu'elle volait à l'épicerie et s'en justifia ainsi des années plus tard : « Que voulez-vous, c'est le seul endroit où on n'irait pas les chercher[70]. » Nous rions toutes. Je pense que, pour moi, le risque existe quand même, mais je ne le dis pas, pour ne pas briser le petit moment de joie légère que nous partageons. Betty dit que « ça prendra du temps ». Elle évoque la possibilité que je trouve un travail en attendant, je suis en âge de trouver un emploi maintenant, ce serait un moyen de gagner une forme d'indépendance avant de partir ; comme si elle pensait tout haut, la mère dit :

70. Annie Ernaux, *Les armoires vides.*

« Elle pourrait même travailler pour nous à la maison ou au cabinet.

Betty écarte l'hypothèse :

— Ça compliquerait tout. »

Je ne vois pas en quoi mais je lui fais confiance. Nous décidons, après un thé délicieux, que nous reparlerons de tout cela le lendemain matin. Effectivement, au réveil, nous nous retrouvons de nouveau sur la terrasse. Betty me confirme qu'elles vont tout faire pour m'aider.

« Mais tu es d'une famille à laquelle on ne se frotte pas.

C'était vrai avant le terrorisme, ça l'est pendant, ça le sera après. La bourgeoisie se renouvelle mais elle ne meurt pas.

— Et on n'a pas beaucoup de temps », dit la mère.

Plusieurs fois dans la journée, alors que je m'occupe à lire, à faire des bouquets – le jardin est plein de fleurs sauvages – et à manger des cornes de gazelle, je surprends les deux femmes qui se parlent à voix basse. Je n'ai pas l'impression qu'elles cherchent à se cacher de moi, mais plutôt qu'elles cherchent la bonne manière de me dire quelque chose. Au soir, le verdict tombe :

« On va négocier avec ton oncle ton retour "chez toi".

Je pleure déjà.

— Ne t'inquiète pas, c'est provisoire, mais si tu restes ici, on se met en faute, ils peuvent porter plainte, et tout devient plus difficile.

Betty ajoute qu'en sa qualité d'avocate elle est capable d'obtenir de Noury une sorte d'accord pour que je sois bien traitée.

— Qu'il s'engage à ne pas me tuer ? demandé-je.

— Oui, balbutie-t-elle, et on prendra des garanties, j'appellerai régulièrement avec un code prévu entre nous pour vérifier que tu vas bien. »

Je vais rester quelques jours avec elles et quand je me sentirai prête, je rentrerai. En attendant, elle va appeler un juge pour savoir si on peut faire quelque chose pour mes papiers. Mais le lendemain, le juge dit qu'on ne pourra rien faire. Il y a une interdiction de sortie du territoire et il n'est pas question de la contester. Il a peur, lui aussi. Le lendemain matin, Betty appelle Noury, cela dure un peu, mais je comprends au sourire de mon amie que nous avons gain de cause : Noury s'engage à ne pas me tuer, cela me rassure un peu. Il accepte aussi que l'avocate m'appelle régulièrement, tous les jours au début, puis à des horaires non fixes. Il est également d'accord pour retirer la plainte qu'il a déposé pour « enlèvement » – il ne ment pas, le juge nous a confirmé qu'il y avait aussi un avis de recherche pour fugue ou enlèvement. Je reste donc encore quelques jours, je me repose, puis un matin je dis :

« Ok, je suis prête à retourner en enfer. »

Elle me prend un billet d'avion. Elle me dit que dès que j'aurai des papiers, elle m'aidera. Et de ne pas hésiter à revenir la trouver. Au total, j'aurai passé dix jours de bonheur chez mes nouvelles amies. C'est déjà ça.

Je me souviens de mon arrivée à Annaba. Je suis à une place hublot. Soudain, des murmures montent, ce sont des passagers qui s'alertent. Une fumée noire s'échappe de l'aile bâbord. Les hôtesses tentent de calmer les passagers. Le commandant fait une annonce pour expliquer que nous avons une petite fuite, mais rien d'alarmant, aucune inquiétude. Moi, j'espère que l'avion va tomber.

16.
Noury m'a tuer

« Une étincelle va éteindre mon âme
Quittant la vie et mourir
Enterré dans un trou noir
Où l'homme
De rien ne pourra se souvenir »
Farid Meghari, *Le Mendiant du bonheur*, Éd. Tafat, Alger, 2014.

« C'était à cause d'une turbulation. » Je dis souvent un mot pour un autre depuis que j'ai fait ce COVID long. *Turbulation* pour turbulence par exemple. Je nomme mal les choses.

COVID long de plus de trois mois, de début mars au 21 juin. J'avais le cerveau dans un brouillard épais. Cela va mieux mais je suis encore au ralenti. Et cela s'ajoute à mon état post-traumatique et à mes crises d'épilepsie.

J'avais des étudiants qui rentraient de Wuhan, j'avais compris que la crise sanitaire était grave. À ce moment-là, début 2020, je donnais des cours à l'École des ponts et à Sciences Po. Cela me laisse un goût métallique dans la bouche. Et je sens des odeurs de brûlé partout. Même encore aujourd'hui.

Ciel d'Alger, août 1993

Donc l'incident n'était pas si anodin et il y a avait bien des raisons de s'inquiéter malgré la recommandation rassurante du commandant de bord puisque nous avons fait demi-tour. La fumée sur l'aile était un début d'incendie, à cause d'une « turbulation » donc. J'y vois un signe du destin. Je ne dois pas rentrer à Annaba.

Je rentre pourtant par le vol suivant.

C'est Azz qui est venu me chercher à l'aéroport. Cela m'étonne un peu. Azz est le troisième dans l'ordre décroissant de la fratrie. Il est très occupé par les entreprises familiales et se soucie généralement peu de moi. Avec Noury, il s'entend pour les affaires, même si son frère méprise son choix d'avoir épousé une ancienne prostituée. Noury les a plusieurs fois menacés de mort, lui et « sa pute de Tête-Rouge[71] ». Azz est athée, je l'apprendrai bien longtemps après, je crois qu'il n'en parlait pas à l'époque, surtout devant Noury. Quand même, je trouve étrange que Noury m'envoie quelqu'un en qui il n'a pas vraiment confiance. Un instant, l'idée me traverse que Noury veut me « donner » à Azz. Je ne sais pas pourquoi. Peut-être aussi est-ce une manière de me rappeler ma place dans la famille. Me confier au plus déconsidéré de mes oncles, une manière de me dire que je suis une moins que rien qu'on jette à un moins que rien. Mais Noury n'est pas si malin. Ou trop impulsif pour cela. Ses passions violentes prennent toujours le dessus. En fait, cela fait partie de la punition. Je mettrai des années à le comprendre, mais Noury est un enfant, alors il m'envoie le message qu'il boude, comme si cela pouvait me faire plaisir qu'il vienne… Je demande où on va.

---

71. Quartier des prostituées à Annaba. Voir aussi chapitre 5.

« Chez Noury. C'est ton tuteur, c'est comme ton père.

Je demande qu'on s'arrête pour acheter un voile. Si je me présente comme cela devant Noury, il va me cogner. Il répond :

— N'imagine pas un seul instant que je suis de ton côté, je ne te rendrai pas ce service. »

J'aurais dû m'en faire donner un par l'avocate ! Quelle imbécile ! On arrive à la maison.

Dès que je franchis le seuil de la maison, Noury me prend sous son bras dans un geste faussement affectueux. Il serre très fort et m'attire à lui. J'ai la tête baissée. Complètement à sa merci, je ressens profondément la situation de domination. Lentement, il approche sa tête de la mienne :

« Alors, tu t'es bien amusée ? Comment elle va, Annie ?

Moi qui comptais qu'il ignore ce que j'ai fait ! Aujourd'hui encore je me demande s'il a parlé pour savoir ou bien s'il a été informé par les B. Je nie car je ne veux pas faire courir de risque à mes sœurs. Je panique. Je me défends mal :

— J'étais chez des femmes qui m'ont recueillie, c'est une avocate mais j'ai sonné chez elle au hasard, je ne cherchais pas une avocate…

Je ne sais pas s'il ne me croit pas ou s'il s'en fout. Il s'en fout, je crois, comme si cela n'avait pas d'importance, ce que j'ai fait. Comme si cela n'avait plus d'importance.

— Viens, on va dans le jardin.

Il me pousse, il y a des piles de livres posées à l'entrée du jardin :

— Quoi ? Il faut qu'on enterre des livres ? », dis-je, méfiante.

C'est le pire épisode de ma vie. Mais je crois que c'est aussi celui où j'ai le mieux résisté. J'ai toujours ressenti, encore aujourd'hui, des moments où j'ai l'impression de sortir de mon corps pour m'observer vivre de l'extérieur. Je regarde ce qui m'arrive d'en haut, comme si cela arrivait à quelqu'un d'autre. Il y a une explication psy, c'est typique des post-traumas. Quand la douleur est trop forte, on sort de son corps, cela permet de résister plus facilement parce que les événements qui surviennent semblent alors concerner quelqu'un d'autre, justement. Sinon on meurt.

Quand il m'oblige à me relever de ma « tombe », je suis encore insolente :

« Alors on n'enterre pas les livres ?

Il crie :

— Salope ! », et la première gifle s'abat.

Je remue les bras et les jambes pour exprimer ma volonté de me défendre, ne pas être passive, le toucher peut-être, le griffer, mais mes gestes tournoient dans le vide. Les coups pleuvent. Je sens une pommette qui éclate, le sang gicle, mon œil se ferme sous un coup de poing. Il me traîne par les cheveux à l'intérieur de la maison. On passe devant Noura et Azz. Je vois l'effroi sur leurs visages mais j'essaye de leur sourire et de faire coucou pour leur montrer que je me moque des coups. Soudain une gifle comme une massue s'abat sur ma pommette déjà sanguinolente. Je vole, ma tête heurte le montant de l'escalier. Il me massacre. Je perds connaissance.

Yemma est morte. Noura me témoigne, de temps en temps, une forme d'humanité mais c'est une humanité chiche, calculée, mesurée, intéressée… Pourtant, je prends ce qu'il y a à prendre. Je sais qu'elle est désemparée. Elle aussi a peur, pourtant elle tente d'intervenir : « Arrête, tu vas la tuer ! ». Noury me pousse dans la chambre à coups de pieds. Je suis comme une loque sanguinolente sur le tapis. Je le vois fermer mes volets. Je reperds connaissance. À mon réveil, j'entends des coups sourds dehors. Il est en train de clouer des planches contre la fenêtre de ma chambre, située au rez-de-chaussée. Je pense que je suis prisonnière mais que *même si j'avais la force de le vouloir, je ne pourrais pas m'enfuir avant longtemps*. C'est le noir total dans ma chambre. Quelques heures passent. Je réussis à grimper sur mon lit. Mes draps sont rouges. Mon sang coule de mes joues, de ma bouche. J'ai de grosses marques bleues et rouges sur le torse, les cuisses. Noura m'apporte à manger. Elle met aussi un seau dans un coin « pour les toilettes ». Les jours passent. De temps en temps, une fois par semaine en réalité mais je vais perdre rapidement la notion du temps, elle m'apporte le téléphone et je dois appeler l'avocate pour lui dire que « tout va bien ». Chaque fois, comme pour la rencontre de 1988, l'élan me prend de hurler : « Non, je suis enfermée, je vais mourir… », mais chaque fois, l'instinct de conservation l'emporte : si j'avertis l'avocate, je sais que je serai morte avant d'avoir le temps de finir ma phrase. J'apprendrai ensuite que je suis restée enfermée plus de quatre mois.

Un jour, je me réveille à l'hôpital, je ne sais pas comment c'est arrivé. Je suis aveugle. Peu à peu des souvenirs me parviennent : ma chambre, le seau, l'obscurité[72], les petits plateaux de Noura… je veux mourir. Je n'arrive pas à me suicider. Il n'y avait rien dans la chambre ni couteau ni corde. Un soir, Noura a même enlevé les draps, je n'ai qu'une grosse couverture en laine brute avec des épis de paille dedans. C'était de la torture psychologique après la torture physique. Je décide de ne plus manger. Je jette les plateaux

72. Cet épisode a créé chez moi un symptôme récurrent. Pendant des années, je me suis enfermée dans le noir dans ma chambre pendant des heures, parfois des jours. Ce n'est qu'en arrivant dans mon dernier logement que ce symptôme a subitement disparu. Je ne sais pas pourquoi.

de Noura dans le seau mais elle ne le vide plus. Je les renverse du lit où elle les dépose, mais bientôt je n'ai plus la force. Je meurs.

Je suis aveugle mais j'entends le médecin dire :

« On va la garder sous perfusion. »

Il parle à Noury, j'en suis sûre. J'ai été emmenée parce que Noura est entrée dans la chambre et je ne me réveillais pas. Noury n'était pas là. Lui m'aurait laissée mourir. Noura a décidé d'appeler l'ambulance. Quelques jours plus tard, le médecin me demande :

« Pourquoi as-tu fait cela ?

— Fait quoi ?

— Pourquoi as-tu tenté de te suicider ? »

Je dis que j'ai seulement arrêté de manger, je n'ai pas voulu me tuer. Je voulais vraiment mourir mais je refuse de le lui dire. J'ai toujours peur. De tout. Je reste trois semaines à l'hôpital. Quand je rentre, Noury me coince dans un angle de l'escalier et me dit :

« Tu es une emmerdeuse, on a dû dire à l'hôpital que tu es malade et que tu n'arrivais plus à manger pour qu'il n'y ait pas d'enquête et que les médecins ne s'alertent pas ; si tu recommences, tu es morte. »

Il fixe de nouvelles règles. Je peux circuler dans la maison et dans le jardin. Mais interdiction de sortir dans la rue. Je décide de me tenir à carreau. Au bout de quelques semaines, je demande à retourner à la fac. Il dit non. Je me demande ce que sera ma vie maintenant. Puis un matin, il entre dans ma chambre et il dit :

« Prépare-toi, on va à la fac. »

Il ne m'emmenait jamais avant. C'était toujours un chauffeur qui m'emmenait chez Khalida ou au train. D'habitude, j'enlève le niqab à la fac. Les premiers jours où je peux y retourner, je le garde car il me dit qu'il me fait surveiller :

« Tu vas reprendre la fac mais fais pas la maline, j'ai des yeux partout. »

Pendant longtemps la fac a été murée. On ne pouvait pas y entrer, les islamistes l'avaient condamnée. Alors des étudiants courageux ont fait des trous dans les murs et on passe quand même. L'université est dans le quartier Sidi Amar. Pour venir depuis la maison, il y a une heure de trajet. La plupart du temps, un chauffeur m'y conduit. Mais les jours de liberté, je prends le train qu'on appelle douga douga à cause de sa lenteur et du bruit répétitif de sa machine. On dit TDD pour se moquer : c'est la grande époque du TGV et on en voit partout dans les magazines que je peux lire à la fac. Le train part de la gare, juste derrière le port.

Cette époque est celle des derniers dix-huit mois que je passerai là-bas. Après l'intermède de paix à l'hôpital, Noury ne tarde pas à me renvoyer également à la mosquée. Parfois je dois aussi aller chez les « grands dignitaires », des amis de Noury qui me tiennent des sortes de sermons privés. J'ai une grande crainte d'être seule dans une pièce fermée avec un homme, surtout un ami de Noury. Mais bizarrement, aucun ne me viole. Il est même arrivé qu'il m'envoie chez des érudites, les rares femmes ayant leur mot à dire en religion. À la mosquée, le vendredi, les hommes sont en bas, les femmes en haut, au balcon. Les autres jours, c'est pareil mais il y a moins de monde, donc les hommes en bas forment de petits groupes avec chacun un érudit ou un imam au milieu. Des femmes peuvent prêcher comme des hommes. Il peut aussi y avoir des groupes de femmes en haut. Ou bien on peut suivre les rondes des hommes en bas depuis en haut. Mais on ne se mélange pas.

Noury remet aussi en route les séances vidéo de propagande du jihad en provenance d'Afghanistan. Je dois m'en inspirer dans ma vie quotidienne, « prendre exemple », répète-t-il. On en regarde trois ou quatre par jour. Cela nous occupe environ deux heures au total. Dedans, il y a les anachid[73], ces musiques répétitives et violentes qui, trente ans plus tard, m'agressent encore quand elles surgissent à l'improviste d'une fenêtre ouverte, d'un bruit de la rue ou d'une télé en marche, comme des intrusions d'une puissance inouïe dans mon être profond.

Je perds une année car je n'ai pas pu étudier.

En 1988, lors de la rencontre, j'ai vu d'autres enfants raptés. Deux d'entre eux, un garçon et une fille, j'ai oublié leurs noms arabes mais ils s'appellent André et Anne, sont géographiquement proches. Avant 1988, on se voyait à l'école, mais j'ignorais qu'ils étaient dans la même situation que moi. Ils sont restés par le même processus idiot que moi. Ils n'ont pas « osé » partir, par peur de ce qui allait se passer, à cause des mêmes mains sur les épaules. Nous nous voyons épisodiquement dans le train qui nous ramène de la fac, ou bien le long de la montée de béton, au bas de notre quartier. Nos rencontres sont brèves, mais toujours intenses, nous savons, sans avoir besoin de nous expliquer, ce que nous partageons. André décide un jour de jouer les fous. C'est du désespoir. Je ne sais pas ce qu'il attend de ce comportement, peut-être est-il vraiment fou. Avec nous il ne le semble pas mais dès qu'un autre est présent il dit et fait n'importe quoi. Mais cela lui évite de suivre les préceptes religieux de son père radicalisé lui aussi. En 1992, André s'est suicidé. Ou bien son père l'a tué. Je ne sais pas. Il voulait l'envoyer rejoindre le maquis et les terroristes « pour lui apprendre ». André nous disait qu'il avait peur. C'est sans doute un suicide, parce que sa famille a entretenu beaucoup

73. À l'origine, le mot signifie « chant » mais à cette époque, en Algérie, il désigne les invocations religieuses des terroristes.

de mystère et de discrétion autour de sa mort. Si son « père » l'avait tué, il s'en serait vanté et Noury nous l'aurait dit. On essaye de cacher les suicides dans les familles. C'est *haram*.

Elle, sa famille était conservatrice mais pas intégriste – à l'époque, évidemment, je ne fais pas ces distinctions, mais je raisonne quand même en degrés de liberté, en contraintes religieuses... Elle avait un amoureux comme moi, mais sa famille a décidé de la marier, après avoir découvert son amour. Un jour où nous sommes seules, nous en parlons et nous comprenons que nous avons la même intention. Nous décidons même de nous « attendre », si les circonstances se présentent, pour nous suicider ensemble. Elle m'apprend aussi qu'elle a fait un *deal* avec son amoureux mais elle ne m'en dit pas plus. Le jour du mariage, ils sont présentés au balcon, elle fait un signe dans une direction et reçoit un coup de fusil : c'est son amoureux qui l'a tuée. Je ne sais pas s'il s'est suicidé après, mais je pense que oui. On pensait aussi parfois à tuer nos tortionnaires, mais c'était dangereux et compliqué, et puis cela revenait à nous comporter comme eux. Le suicide, c'est plus simple, en apparence... Mon amie est morte le jour de son mariage forcé. Pour notre génération, un mariage forcé n'est pas une « tradition » ancrée dans l'histoire des familles pour assurer je ne sais quelle transmission, descendance ou patrimoine... Un mariage forcé, c'est un groupe, une famille, une communauté, qui obligent une femme à épouser qui elle ne veut pas. C'est une agression sexuelle décidée et organisée par plusieurs personnes contre une femme, donc un viol collectif, même s'il est physiquement exécuté par une seule personne. Mon amie leur a échappé.

La fin de mes études est encore lointaine, mais Noury menace d'anticiper mon mariage. Alors je mets toute mon énergie à préparer mon évasion.

On est en 1994, j'ai 19 ans. Depuis que je retourne à la fac, je revois Khalid. Je pars habillée en tchador puis j'enlève seulement mon foulard, pour pouvoir me déguiser de nouveau à la moindre alerte, pour redevenir invisible. J'ai repris contact avec l'avocate. Peu à peu, l'attention de Noury se relâche un peu. Je commence à revoir des amies. J'essaye de retourner chez Khalida. Je me tiens à carreau. Je cherche les limites de ma prison, en fait. Ce que je peux et ce que je ne peux pas faire. Mon plan c'est d'obtenir des papiers, puis de l'argent pour un billet et… de décoller le plus vite possible après. L'argent, c'est le plus simple, Khalid et Khalida peuvent m'aider. Stupidement, je me dis qu'on pourrait soudoyer des douaniers pour me laisser monter dans l'avion. L'avocate me dit qu'elle pourra savoir qui est de service à l'aéroport et qu'on pourrait essayer de les acheter…

Dans tous les cas, il faut commencer par les papiers. En 1994, le consulat de France d'Annaba rouvre.

17.
La belle

> « S'enfuir, se tirer pour s'en tirer, s'extraire des lieux de la déchéance. S'en sortir. La destination n'est pas connue mais on sait ce que l'on fait, on sait ce à quoi on veut échapper. »
> Claire Marin, *Être à sa place*, Éd. de l'Observatoire, 2022.

En 2021, un journaliste m'a demandé pourquoi je n'avais jamais été voir l'ambassade avant ? Poser cette question, c'était ne pas vraiment comprendre le contexte. Avant d'atteindre l'âge d'aller à l'université, je ne pouvais pas bouger. Ce n'est pas une image, je ne pouvais pas m'absenter seule de la maison. J'allais au lycée mais il était à deux cents mètres de notre porte. Je n'avais pas d'argent et j'étais, de plus, très surveillée. Là, la question me hante quand même. Bien sûr, je passe outre la cuistrerie, et même l'inconscience de la question… comme si c'était si simple. Mais quand même : est-ce que tout mon être a toujours été tendu vers le seul objectif de l'évasion ? Est-ce qu'une part de moi-même ne s'accommodait pas, fût-ce temporairement, de ma « nouvelle vie » ? La réponse est oui, aux deux questions. Je l'ai dit, certains enfants enlevés sont tellement et si tôt déconnectés de leur environnement initial que la gestion de leur retour devient encore plus complexe et délicate. J'entends même que des chercheurs et des juristes estiment qu'aucun retour en arrière ne soit souhaitable, surtout s'il n'est en apparence pas souhaité par l'enfant. Pour moi, j'ai donc eu la « chance » d'être enlevée à 10 ans déjà… mais une part de moi-même s'est donc « accommodée », une autre part patientait, une autre encore, plus grande, avait peur… Et une part de moi-même a aimé une part de cette vie volée. Parce qu'on ne vit nulle part entre l'âge de 10 et 20 ans sans amis ni appuis… Et puis il y a la comparaison avec ma vie avant l'Algérie, l'argument mille fois asséné de la misère de ma vie d'avant, des coups d'Annie, de la possibilité de la prostitution, de la drogue, de la mort… Une grande part de ma vie d'avant l'Algérie était terrible, j'en ai conscience, mais, au-delà même du fait que la seconde m'a fait regretter la première, qui pouvait s'arroger le droit de m'en imposer une autre ? Même belle et riche, ma vie en Algérie serait restée fondée sur un crime, un enlèvement dont tout le monde, Annie, Mouloud, Noury, Yemma… est coupable à un endroit de mon récit, à un moment de mon histoire.

Mais il a fallu vivre. Alors je n'ai jamais accepté Noury, évidemment, mais j'ai parfois cherché à m'en faire accepter. J'ai compris tôt la duplicité de Yemma, mais elle m'a aimée, d'une manière, et une part de moi-même l'a aimée. Pareil pour Moufid. Et comme le diable est dans les nuances, j'ai aimé et j'aime encore Khalid, et il m'a rendu cet amour, mais pas toujours autant qu'il aurait pu ou dû. Mon histoire est aussi une histoire d'amours calculées et de mains tendues pas assez loin ou pas assez longtemps. L'avocate d'Alger m'a aidée, mais elle m'a aussi renvoyée à l'homme qui a voulu me tuer. Ma tante Alice, Mousse, Kima, des copines et parfois des psys… tout le monde a mégoté sur ma souffrance. Si rares sont les personnes qui m'ont crue jusqu'au bout et avec constance ! C'est la raison principale de ce livre. Cette zone des possibles perdus et des évasions manquées qu'évoque ce journaliste, elle existe. Avec plus de hargne et un poil de chance, j'aurais pu m'extraire plus tôt de l'enfer. Mais entre le dire et le faire, il y a la nécessité de l'évasion et l'ambiguïté de la vie, il y a les trois dinars qui manquent pour prendre un autocar, les courbatures qui font renoncer à l'idée de sortir, il y a la peur des coups, le manque de confiance en soi, la tentation du renoncement et les larmes du sort qui s'acharne.

Ma sœur aimée, même, m'a accusée. C'est pour cela que la question de cet homme, cuistre et brutale, m'a toujours habitée… comme une sorte de « et si » métaphysique : « Et si » j'avais eu plus de courage, « et si » j'avais tapé plus fort avec les pieds dans la portière de la voiture qui m'emmenait à la Joliette… Enfin, il y a les « et si » que les philosophes déterministes rattachent au destin inéluctable, et Kieslowski[74], au contraire, à une cascade de petits – et souvent mauvais – choix. « Et si » le douanier de Marseille m'avait écoutée, « et si » ma tante Alice m'avait mieux protégée, « et si » ma mère était morte dans l'accident de fourgon, « et si » l'avocate m'avait gardée avec elle, « et si » les services sociaux avaient fait leur travail, et si, et si, et si… Mince, à la fin !

La rencontre de hasard (Kieslowski encore) avec Pépé a été le déclic matériel. Récupérer des papiers, c'était retrouver une identité. Mon journaliste, lui, voit cela de sa fenêtre, il ne perçoit que l'enchaînement des événements et la logique froide des réponses intellectuelles qu'il convient d'y apporter. Mais quand je veux être bienveillante avec moi-même, ce qui m'arrive de plus en plus – c'est bon signe, selon mes psys et Olivier – je me revois

74. Notamment dans *Le hasard*, 1987, puis dans la trilogie *Trois couleurs, Bleu, Blanc, Rouge*, 1993, 1994.

voilée, menacée de mort, sans argent, entourée de haine, je me dis qu'on peut comprendre que mon jugement soit quelque peu altéré, que j'enfourche des chimères ou que des évidences m'échappent.

Un jour où je réfléchis à la manière de m'en sortir, par exemple, je comprends que l'ambassade n'a aucune raison de me croire quand je dis que je suis Française. Certes, elle a les moyens de le vérifier mais si elle ne le fait pas il n'y a que moi qui le sache. Et puis la file d'attente est un premier obstacle, le garde un second, les bureaux ensuite, les documents, le fait que ma mère travaille à l'ambassade, les menaces… voilà quelques obstacles supplémentaires que je pourrais signaler à mon journaliste pragmatique.

Mon histoire a disparu.

Ah mince, mon co-auteur va encore m'en vouloir, mais j'ai oublié de préciser que durant mes journées d'errance à Alger, avant de trouver l'avocate, je suis allée à l'ambassade de France. C'était un mercredi à 17 heures, pour éviter Annie qui rentre tôt ce jour-là, et pour faire le moins de queue – j'ai appris le stratagème par hasard en surprenant un échange en arabe entre Noury et Yemma à propos des Algériens qui tentent de fuir le pays : vers 16 h 30, les gardes de l'ambassade commencent à renvoyer les gens, mais si on insiste, qu'on explique que c'est urgent, ils laissent parfois les gens attendre, et il y a beaucoup moins de monde ; les files d'attente sont monstrueuses pour les visas, moins pour les autres démarches… Annie a souvent des mots méprisants pour les gens qui viennent pour un visa. Donc je toque à la porte et je dis aussitôt au gardien :

« Je ne viens pas pour un visa !

Je montre mon passeport périmé, il l'ouvre :

— Je viens faire mes papiers.

— C'est trop tard, me répond-il.

J'insiste :

— Je veux juste voir quelqu'un.

Mon objectif est d'entrer dans les bureaux. Il appelle une dame, je pense que c'est une secrétaire, j'explique que je dois refaire mes papiers, et je raconte toute mon histoire en quelques phrases… Je n'ai pas dit le nom de ma mère mais on me demande :

— Mais alors, ta mère doit te chercher, ton nom figure peut-être dans notre fichier des affaires d'enfants enlevés ?

Je dis mon nom.

— Ah c'est toi, la fille d'Annie ! C'est à cause de toi, tout ce bordel ? Tu as foutu une sacrée pagaille alors que ta mère ne cherchait qu'à t'aider !

Je retiens ma rage, elle reprend :

— Ici on ne peut plus t'aider, à cause de tout ce que tu as fait…

Mais qu'est-ce que j'ai fait de mal, à la fin ? Je dis :

— Mes relations avec ma mère, c'est privé, non ? J'ai quand même le droit de refaire mes papiers, non ? »

Elle dit oui et me fait un laissez-passer pour couper la file la prochaine fois. Il faut que je revienne avec un extrait de naissance. Je demande comment faire pour l'obtenir, vu que je dors dehors, que c'est la guerre, qu'on est dans un pays violent avec les femmes et que je ne suis plus voilée… Je demande du secours. Peut-être même peuvent-ils me garder ici, comme une sorte d'asile ? (Là, mon journaliste dirait que je suis bien peu rationnelle et j'en conviendrais) De fait : « Tu es Algérienne, sur le territoire algérien ! » Est-ce que cela aurait été plus simple si je n'avais été que Française ? Bien sûr que non, mais c'est ce qu'on me laisse entendre. Le moitié-moitié, je l'ai entendu toute ma vie. Est-ce que je dois me couper en deux ? Je redis que je risque de mourir.

Je ne sais pas quel était le poste d'Annie à l'ambassade. Peut-être le ménage ou les cafés, peut-être secrétaire, elle n'avait même pas son bac. Elle me reprochait toujours de ne pas avoir pu étudier à cause de moi. Je ressors désespérée de l'ambassade. J'y avais mis tous mes espoirs.

De retour à Annaba, Khalid et Khalida me remontent le moral, on bosse le plan de mon évasion. Il me faut un certificat de naissance. Si ce n'était pas écrit sur les papiers que m'a rendus Pépé, je ne saurais même pas où je suis née. Je sais seulement que c'est à Lyon mais je n'en suis même pas sûre et je n'ai pas d'adresse… J'écris très mal le français, j'ai été souvent déscolarisée et en Algérie j'ai mal appris le français parce qu'il m'était mal enseigné, et quasiment pas l'orthographe… J'écris une lettre en mettant mes données connues, nom, prénom, date de naissance… et numéro de passeport, et je l'envoie à mairie de Lyon 69004. C'est tout. J'ai mis l'adresse de Khalida (est-ce que mon journaliste aurait trouvé plus cohérent que je fasse adresser le certificat directement à l'ambassade ? Sans doute, mais je voulais tenir le document en main, c'est irrationnel mais incontournable), elle ira tous les jours relever le courrier à leur maison de Beauséjour sur les hauteurs d'Annaba. Deux mois plus tard, alors que nous nous rendons à la fac, elle me met sous les yeux un courrier à en-tête de la mairie de Lyon. Je l'ouvre frénétiquement et je suis déçue. : ils demandent des précisions et des photocopies de mes papiers. Je me maudis d'avoir oublié des détails aussi évidents. Le soir même, je refais un courrier. Mais le point positif, c'est que l'en-tête comprend un numéro de téléphone… que nous appelons le jour même. Répondeur, message vocal, rappel… on finit par les avoir et après deux bureaux différents j'ai enfin quelqu'un qui m'écoute. Je résume ma situation – j'ai l'habitude maintenant – et mon interlocutrice, très compréhensive, m'assure : « Je comprends, on fera vite. » Je demande combien on peut délivrer d'extraits, réponse : trois. Très bien, j'en veux trois. Et je demande qu'on les envoie dans trois enveloppes différentes pour être sûre d'en récupérer une au moins. Ingénument (mon journaliste aurait certainement dit « stupidement »), je conclus en disant : « Je vous rembourserai les timbres. » Cela a duré cinq mois. Cela aurait pu durer cinq minutes à l'ambassade. Mais nous finissons par recevoir les extraits. Les trois. À la même époque, fin mars 1994, des consulats européens rouvrent à Oran, Constantine et Annaba. C'est une bonne nouvelle. Évidemment, les Algériens se ruent sur les demandes de visa, mais, grâce à mon laissez-passer obtenu à Alger, je réussis à entrer au consulat d'Annaba. Je rencontre l'assistante sociale, Françoise M., le 23 mars ; je m'en souviens car elle se montre disponible et bienveillante. Elle me fournit un second laissez-passer, valable le jour de mon choix, stipulant que je peux venir au consulat n'importe quand. Les documents d'identité sont uniquement délivrés à l'ambassade, pas au consulat, mais elle est d'accord pour s'occuper des démarches. Je m'exalte, je n'ai jamais été aussi près de m'enfuir. Je donne une photocopie de l'acte de naissance, mon passeport périmé (je rechigne un peu, mais j'ai confiance) et je remplis ma demande sur place. Elle envoie les papiers à l'ambassade. Je reviens la semaine suivante mais c'est beaucoup trop tôt.

« Reviens dans trois mois, pas avant, me dit Françoise.

J'ai peur parce que c'est l'été, la saison des mariages, je l'explique à ma nouvelle amie :

— Si je suis mariée de force, je me tuerai. »

Mon passeport arrivera en mars 1995, un an plus tard. Durant ces longs mois, je viens régulièrement aux nouvelles. Françoise est une sorte de soutien psychologique quand je désespère. Et puis, le 15 mars 1995, elle m'accueille avec un grand sourire et ces mots qui résonnent encore dans ma tête : « Il est arrivé. » J'explose de joie. Et aussitôt après je fonds en larmes. Je suis heureuse et j'ai peur en même temps. Mon passeport est prêt mais il faut que j'aille le chercher à Alger. Pas question d'attendre. C'est presque de la superstition mais j'ai peur que mon passeport reparte. Alors mon idée c'est de foncer à Alger, de récupérer mon passeport et de décoller dans la même journée. Mais ça c'est l'idée… « sur le papier ».

Depuis que j'ai donné mon passeport périmé, les petites poches de mes culottes peuvent accueillir mes laissez-passer d'ambassade, mais j'éprouve de plus en plus de difficultés à me protéger. Les attouchements de Noury sont de plus en plus fréquents. Je laisse faire mais je garde toujours un bras le long de mon ventre, du côté de la poche, et la main opposée en protection. Il peut me violer, mais s'il trouve ces papiers je suis morte. Je dis parfois que j'ai mes règles, cela l'arrête immédiatement, mais c'est une excuse que je ne peux pas utiliser très souvent. Comme je n'ai pas le droit de m'enfermer dans la salle de bains, je déploie des stratagèmes pour laver mes culottes quand il est absent ou bien j'utilise la salle de bains de Yemma, où personne ne vient jamais, et où on n'entendra pas le sèche-cheveux.

Ces mois d'attente sont aussi l'occasion d'économiser un peu d'argent pour acheter mon billet d'avion pour Alger puis celui pour la France. Mais pas assez, car le prix est très élevé : environ 1,5 million de dinars, selon les semaines, soit l'équivalent de 1 500 euros. Je réussis à faire quelques ménages en sortant de la fac, en cachette de ma famille, mais c'est très difficile de dégager du temps. Khalid me « prête » le reste, et je réussis à aller à Alger. En arrivant à l'ambassade je suis guillerette. Françoise, l'assistante sociale, m'y attend. Elle m'a fait la surprise de venir et cela m'émeut, je sais qu'elle veut veiller que tout aille bien. On me donne le passeport. Je me sens comme quelqu'un à qui on aurait confié un trésor et qui a peur de tout gâcher en le perdant. À la personne qui me le donne, je dis : « Je décolle demain. » On m'explique qu'il me faut un passeport et un visa de sortie, c'est la règle algérienne quand « un passeport français est fait pour la première fois en tant qu'adulte dans une ambassade étrangère ».

Je n'y comprends rien, mais Françoise approuve : « C'est la loi. »

Il faut rentrer à Annaba, et obtenir maintenant un passeport algérien ! En théorie, j'y ai droit puisque je suis Algérienne, mais cela m'assomme. Chaque fois que je pense toucher au but, un événement désagréable surgit. J'ai l'impression qu'une force obscure veut m'empêcher de rentrer en France. Je me demande si ma famille m'espionne, si je n'ai pas été suivie jusqu'à l'ambassade, si des hommes de Noury ne vont pas me sauter dessus pour me confisquer mon précieux document. Je deviens parano.

En octobre 1994, ma mère et mes sœurs sont rentrées en France, je l'ai su par l'avocate, que je réussis parfois à joindre depuis la boutique Taxiphone, près de la fac. Elle m'a également fait savoir quelques semaines plus tard que la levée de mon interdiction de sortie du territoire n'avait pas été prorogée. Je peux donc « en théorie » quitter le territoire algérien, à condition d'avoir des papiers en règle. Je me demande comment cela s'est passé pour mes sœurs, alors ? Comment se fait-il qu'elles soient rentrées sans problèmes ? Elles n'avaient sans doute pas non plus de visa de sortie ni même de passeport algérien. Et moi ? Est-ce que j'en ai un ? Je fouille à la maison, je ne trouve aucun passeport à mon nom. Il faudra donc l'établir. Et il me faut aussi regagner l'argent d'un nouveau billet d'avion car le précédent est échu et je n'ai pas le moyen de me faire rembourser car il faut posséder un compte en banque. À la maison, il y a une pièce où je n'ai pas le droit d'aller mais je sais qu'on y cache de l'argent liquide. Parfois beaucoup. Un jour Yemma, m'avait dit que c'était « les affaires de la famille ». Je suis sûre que c'est de l'argent sale, sinon il serait à la banque. Mais je m'en fous bien. Je le prendrai là, si je peux. Rihane, une amie de fac, va également m'aider car elle travaille désormais à la préfecture. Elle me fait savoir qu'aucun passeport algérien n'a été établi à mon nom mais qu'avec ma simple carte d'identité algérienne et une photocopie de mon passeport français, ce sera rapide, elle s'y engage. Je n'y crois pas mais je fournis les documents. J'ai tort, une semaine plus tard j'ai mon passeport algérien.

Rihane me trouve des cours particuliers. J'en donne un peu mais ce n'est pas simple de justifier mes absences.

Et puis un jour, je vais acheter le billet. Là, mon journaliste rationnel aurait encore beaucoup à dire… Je vais à l'agence Air Algérie d'Annaba. C'est une imprudence, tout le monde connaît tout le monde, j'aurais dû aller à Alger. J'ai peur de montrer mon passeport français. Je suis voilée, on ne s'attend pas à ce que j'aie un passeport français, on pourrait me le confisquer. C'est en 1995, il y a des terroristes et des policiers partout. Encore une fois, j'ai l'impression que l'employée me regarde de travers mais finalement cela se passe bien. Je réussis à acheter un billet. Tout est stupide, j'aurais dû l'acheter à Alger. J'ai aussi dû acheter un billet pour Alger. Je préviens l'avocate. L'idée est de dormir chez elle, de passer à l'ambassade le lendemain matin et de décoller le soir même. J'ai prévu large car Air Algérie pourrait encore être en retard. De fait, l'avion est retardé et on arrive après le couvre-feu. Je prends un taxi. En arrivant en bas de chez elle, je suis interpellée par des jeunes, des barbus, je comprends tout de suite qu'il y a un danger. Si je m'arrête, ils vont m'embarquer, m'enlever. J'ai peur de tout perdre mais je sais ce qu'il faut faire : je passe à bonne distance sans fuir leurs regards mais en inclinant tout de suite la tête pour montrer mon respect. J'aperçois l'avocate à son balcon qui suit la scène, pétrifiée. Ils me laissent passer. Je m'engouffre dans l'immeuble. Je grimpe les étages et je tombe dans ses bras. On ne dort pas trop. J'appelle Khalid. Je dis que ça va. On s'est dit adieu à Annaba. C'était émouvant mais j'étais heureuse de partir. Betty m'accompagne à l'ambassade. J'ai fait exprès de garder mon voile pour leur montrer comment je suis habillée du matin au soir. Je l'enlève devant les employés d'ambassade. Je veux montrer ma douleur. Je suis aussi passée voir Françoise, l'assistante sociale, avant de partir. Elle me fait remarquer que je n'ai pas mon statut de rapatriée. Mais elle dit que cela ne va pas m'empêcher de passer. Cela m'inquiète quand même. Elle dit qu'il faudra le récupérer en France. Elle me donne une liste de foyers. J'ai économisé environ 1 000 francs en dinars ; Khalid était allé changer la somme dans la rue pour moi. À l'ambassade, Betty est restée dans la voiture. Le gardien me regarde étrangement avec mon habit intégral ; dans le bureau, je dis que je viens prendre mon visa de sortie.

« Ah, mais il faut du temps, ça ne se fait pas comme ça ! »

Je n'en peux plus, je crie que je décolle le soir même, je ressors avec un visa tourisme. Après ma sortie de l'ambassade, je n'ai plus de souvenir jusqu'à l'avion. Enfin si, à l'aéroport, il me semble que le douanier m'a regardée avec envie, du genre : « Quelle chance tu as d'aller en France », mais peut-être aussi avec de la haine. Dans l'avion, je suis côté hublot, à côté d'une dame que je trouve bien suspicieuse mais c'est peut-être de la paranoïa de ma part. Je n'arrive pas à croire que dans un instant l'avion va décoller et que je serai libre. J'écoute les annonces en français, on ferme la lourde porte, je vois par le hublot l'échelle de coupée qui s'éloigne… puis qui revient, accompagnée par les sirènes hurlantes d'une voiture de police. La porte s'ouvre. Mon cœur est dans ma tête et il bat à mille à l'heure. Ma voisine me regarde :

« Toi, tu es bizarre. »

Je ne réponds pas. Deux policiers me regardent de loin, ils s'approchent, se penchent… sur la rangée des sièges de devant et sur un homme, probablement de petite taille, que je ne voyais pas devant moi, dissimulé par le siège, et vérifient son identité. L'homme se lève et les suit. On lit la peur sur son visage. Je suis soulagée. L'avion décolle enfin. Je m'endors en regardant la mer au-dessus d'Alger. Quand je me réveille, il y a encore la mer et un rivage mais « c'est Marseille », dit ma voisine. Il ne peut plus rien m'arriver.

Paris. Je m'étais promis d'embrasser le sol, c'est ridicule, je ne m'en rends pas compte. On m'engueule. Nous rejoignons le bus, ma voisine vient me voir et dit :

« Toi, tu t'es sauvée hein ? »

J'aime bien qu'elle utilise le mot « sauver ». Je dis oui. Elle me demande si je veux un peu d'argent, je pense qu'elle est sincère mais j'ai peur d'accepter. J'ai peur de tout. Je ne sais pas où aller. Je n'ai pas de souvenir de la douane. Je suis juste seule au milieu du grand hall d'Orly, perdue, éperdument heureuse. Je suis enfin en France, chez moi. Je prends un taxi pour une adresse fournie par Françoise.

Je regarde partout.

18.
Reconstruction à vie

« Tant que justice ne m'aura pas été rendue, à moi et aux autres, je serai la petite fille de ce village, enlevée, battue, violée. »
Nadia Mourad, tiré du film biographique *On our shoulders*, de Alexandria Bombach, 2018.

Quand je débarque à Orly, je suis perdue. Françoise M. m'a donné l'adresse et le numéro de téléphone d'une association « mais de toute façon, ils t'attendront à l'aéroport ». Je ne vois personne, mais cela m'est égal, je flotte. Je prends le RER en me faisant aider. À Saint-Michel, je m'érafle les côtes et la hanche en butant sur les portes bleues. J'émerge à l'air libre. Je regarde Notre-Dame. Cela n'a pas beaucoup de sens mais je gonfle mes poumons d'air, comme quelqu'un qui s'apprête à plonger, ou pour s'emplir d'air pur. Je le fais plusieurs fois. Puis je marche sur les quais, comme un automate, doucement mais sans m'arrêter. Je regarde les voitures, les immeubles, les gens. C'est la fin du printemps, il fait frais, d'autant que je n'ai pas pris de manteau. J'écoute la respiration de Paris. Sur la Seine passent des bateaux, je salue les touristes qui me répondent. Je souris à l'improviste aux gens que je croise, j'ouvre les livres des bouquinistes. Devant le Louvre, je me souviens d'un article lu à la fac qui mentionnait la construction des pyramides, je les vois « en vrai » ; au pont des Arts, je traverse, l'Institut, la rue Bonaparte, Saint-Germain, les librairies, la statue de Danton, tout m'émerveille ! Jusqu'au soir, je ne pense pas un instant à la suite de ma vie.

Je jouis juste d'être là. Libre.

À la nuit tombante, j'ai faim et je m'achète une crêpe et une bouteille d'eau. Je reviens sur mes pas, je pense : *Paris n'est pas si grand*, je retrouve les quais profonds de Saint-Michel, je suis fatiguée. J'aperçois un groupe de jeunes avec des chiens, je m'installe à bonne distance, suffisamment loin pour que cela ne soit pas suspect, et suffisamment près pour qu'ils puissent intervenir si on m'agressait. Ils viennent vers moi. Ils sont gentils. Je réponds à leurs questions mais je n'en rajoute pas. Aucune envie de raconter ma vie… Le lendemain, ils m'aideront à trouver l'association que je suis censée contacter, mais pour l'heure nous dégustons des pizzas en buvant de la bière (de l'eau pour moi, je n'ai encore jamais bu d'alcool, cela viendra !) et en écoutant de la guitare. Cela ressemble au paradis. Au matin, nous dénichons l'adresse, c'est un foyer. J'y resterai quelques semaines, puis j'irai dans un autre. C'est à Vaujours. On m'installe dans une chambre avec trois autres filles. Je trouve cela formidable. Je trouve tout formidable, même les sanitaires communs qui sentent l'eau de Javel. Je verrai une assistante sociale qui me demandera :

« Quel est votre projet ? »

Aucune idée, vivre libre. À la boulangerie de la cité, je consulte le petit panneau d'annonces, on cherche une baby-sitter, une prof de math et… une employée à la boulangerie ! Je me propose. Quelques jours plus tard, je suis boulangère ; d'ailleurs, j'ai une grosse expérience, j'ai pétri le pain pendant des années chez les D. ! Plus tard je serai caissière, puis vendeuse de produits de dératisation à Évry, puis aide-boulangère de nouveau (le soir, je repars avec des gâteaux qu'on n'a pas vendus !), puis femme de ménage. Les jours passent, puis les semaines. Au centre, j'emprunte des livres. Un monde s'est ouvert à moi, celui de la culture : lire, écouter, regarder, me goinfrer intellectuellement de tout ce à quoi je n'ai pas eu accès pendant dix ans. Je deviens une dévoreuse de littérature française, d'art, de cinéma... Cette faim-là est insatiable, aujourd'hui encore. Elle est née d'en avoir été privée, j'en suis sûre.

Peu à peu, une idée fait son chemin en moi : je veux retourner à l'école, enfin à l'université, reprendre mes études. Mais les écueils sont nombreux, il faut d'abord faire valider mon bac algérien. « Impossible », me dira une assistante sociale qui me fera perdre plusieurs années et m'obligera à retourner en Algérie chercher le document officiel de mon diplôme, avant qu'enfin je puisse m'inscrire à l'Inalco[75]. J'obtiendrai mon diplôme, je ferai une thèse et je réussirai ma « réintégration » universitaire.

Moins de trois mois après mon retour en France, ma sœur bien-aimée meurt, assassinée par un chauffard ivre, et j'ai l'impression de mourir aussi[76]. Je n'ai jamais eu l'occasion de reparler avec elle des accusations qu'elle m'avait jetées au visage et qui m'avaient brûlée comme de l'acide, puisque je ne l'ai jamais revue. Mais je sais par mon autre sœur Rose qu'elle les a regrettées dès que la porte s'est refermée sur moi qui m'en allais. Cela m'a fait chaud au cœur.

75. INALCO : Institut national des langues et civilisations orientales, anciennement appelé « Langues orientales » ou « Langues'O ».

76. Le jour de son enterrement, Annie nous dira que « les plus belles années de sa vie, elle les a passées quand elle était avec Beny... » alors que mes sœurs et moi étions raptées en Algérie.

Depuis 1995, mon chemin de vie a grimpé en pente raide. Côte après côte, col après col, il a fallu affronter un mari violent, un divorce, les études sans argent, les nuits sans sommeil, puis la précarité de mon job d'enseignante… et la maladie, les maladies, puis le confinement, un calvaire pour moi, à tel point que je me fabriquais de fausses autorisations de sortie pour aller marcher des heures dans Paris. Chaque étape a été un combat : louer une chambre, puis un appartement, passer mes entretiens, me présenter la première fois devant mes étudiants (quel beau jour !). Et puis je me suis tant passionnée pour Paris, pour la France. J'ai rattrapé mes lacunes en histoire, en géographie, en bistrots de Paris ! Et j'ai marché pour Charlie et le Bataclan, gueulé avec Nuits Debout et les Gilets jaunes, pleuré aux victoires de la France en Coupe du monde et aux défaites de Mélenchon à la présidentielle. J'ai espéré en 2019 obtenir enfin une titularisation, et puis non (mais cela viendra, j'y crois).

J'ai fait des séjours à l'étranger (en Égypte de 2004 à 2009, chaque année pour ma thèse ; en Tunisie en 2001 et 2003 pour des séjours de deux mois à l'université), des rencontres, j'aime aller vers les gens, des voyages… J'ai déménagé, changé de psy…

Par-dessus tout, il y a eu Laure, la lumière de ma vie.

Mille fois j'ai eu peur de tout rater. Mille fois j'ai eu peur de tout perdre. Mais j'ai tenu bon. Côté cœur en revanche, c'est pathétique. Et je ne parle même pas de mon rapport au sexe, enfin si, parlons-en :

« Tu te rends compte qu'il y a des mots que j'ai appris en 2019 en même temps que j'apprenais les actes sexuels de base qu'ils désignent ? », ai-je dit un jour à une amie, en déjeunant à la terrasse d'un bar du canal Saint-Martin. Je l'ai dit trop fort, tout le monde s'est tourné vers moi et j'ai rougi. Je l'ai dit, j'ai mis des années à formaliser l'idée que j'avais été violée des dizaines, des centaines de fois. À la relecture du chapitre sur les attouchements de Noury, mon co-auteur avait écrit « fellation » et « masturbation ». Je les ai enlevés. Je les remets ici parce que je veux qu'ils y soient quand même, parce que dans dix ou vingt ans, je ne veux pas me relire et penser que j'aurais dû écrire plus clairement que mon tuteur me forçait par ces actes, qu'il me violait. Je les remets ici… mais c'est un effort.

Dans le joli livre d'Edith Bruck, *Le Pain perdu*, l'auteur se demande, à sa rentrée des camps de la mort où elle n'est pas morte, pourquoi elle fait systématiquement les mauvais choix. Pourquoi, comme moi, s'amourache-t-elle d'un salaud qui la trompe et la bat ? Pourquoi, comme à moi, lui semble-t-il que les autres vont leur chemin quand elle reste engluée dans sa douleur ? Pourquoi se donne-t-elle à un marin brutal ? Pourquoi laisse-t-elle venir des fiançailles non désirées ? Mépris de soi ? Auto-flagellation ? Inconscience ? Manque inextinguible d'amour ? C'est à ces questions que m'aident à répondre les psychologues, mon introspection, mon association et ce livre.

Quand j'ai créé l'association, beaucoup de copains et copines, ont levé les yeux au ciel… Une amie proche m'a même dit :

« Non, encore tes trucs, mais tu ne comprends pas qu'il faut que tu passes à autre chose, que tu oublies… ?

J'ai répondu très en colère – c'est rare que je me fâche vraiment avec mes amis :

— Oublier… Par quoi commencer, alors ? Quoi oublier d'abord ? Un kidnapping de dix ans ? Ma mère qui m'étrangle sous la douche et qui me livre à des hommes ? Mes amis égorgés ? Oublier quoi d'abord ? Que j'ai été enterrée vivante ? Que j'ai été battue à coups de pied par des hommes en cercle autour de moi ? Que j'ai été enfermée quatre mois dans le noir presque sans manger ? Qu'est-ce que tu préfères que j'oublie d'abord, hein ? »

Je ne vois plus cette amie. On n'oublie rien et c'est tant mieux. Depuis 1995, ma reconstruction n'a pas été linéaire et je sais qu'on n'oublie pas et c'est tant mieux. Je veux guérir[77], me soigner, réparer, je veux me nourrir de ma vie d'avant, la partager, mais surtout pas oublier.

L'association que j'ai créée veut aider les enfants et leur construire un avenir, mais elle est aussi une béquille qui soutient mon pas. Dans son très beau film sur la réparation des victimes d'un attentat à Paris[78], Alice Winocour montre bien comment les victimes se cherchent comme des aimants. Elles reviennent sur les lieux. Elles se reconnaissent, se parlent, elles sont complices ou gardiennes d'un savoir, d'un sentiment plutôt. L'image de fin est magnifique, quand Virginie Efira et Amadou Mbow s'aperçoivent de loin et que leurs yeux se reconnaissent sans le moindre doute, eux qui ne se sont jamais vus, victimes aplaties dans un réduit sombre, qui se sont tenu la main le temps d'un massacre.

Est-ce que je vais mieux ? L'enfer est-il derrière ? Personne ne comprendrait que je réponde non à cette question, mais je veux redire quand même l'absence de considération, l'inexistence, au fond, des victimes… « Je ne sais pas, je suis en plein service, là… », répond un serveur à Virginie Efira qui revient sur les lieux de sa douleur et qui pose quelques questions. Notre société n'a pas le

77. Dans le beau film déjà cité, *Inceste, le dire et l'entendre*, l'actrice Corinne Masiero dit à propos de la guérison : « On n'en guérit pas mais on apprend à faire avec, c'est comme si on te coupe une jambe, tu ne guéris pas mais tu apprends à faire avec. » Je ne pense pas non plus « guérir » mais je veux apprendre à marcher avec ma jambe en moins !
78. *Revoir Paris*, 2022, Alice Winocour. Interprètes : Virginie Efira, Benoît Magimel, Grégoire Colin.

temps pour la souffrance qui dure. Elle donne trois jours pour un deuil, et puis ? Et puis quoi ? Passer à autre chose ? Bien sûr que non. De même que « faire son deuil » n'a de sens que s'il s'agit d'intégrer les morts à nos vies, « refaire ma vie » n'a de sens que s'il s'agit de réparer mon être. J'aime bien cette image de la maison cambriolée[79]. Si, toutes ces années, mon corps et ma vie avaient été une maison, alors des cambrioleurs y seraient entrés pour, voler, casser, piller, prendre ce qu'il y avait à prendre. En 1995, ces cambrioleurs sont sortis de la maison, et depuis je la range. Je ne remplacerai pas tout qui est cassé mais la maison est là puisque je suis vivante, alors je range, je bricole, je rafistole. Et cela tient debout.

On n'accompagne pas les victimes. Elles fatiguent. Partager l'émotion du tragique de l'instant, oui, tout le monde en redemande et les réseaux sociaux sont pleins d'envols enflammés pour Simone Veil, la reine d'Angleterre ou le pape Benoît, et puis ? Et puis on passe à autre chose. Le refus de l'équation de la douleur et du temps est la forme ultime de violence, et cette fois il n'y a personne pour entendre.

« Tu nous saoules... »

Je déteste dire que je suis une victime. Je ne le dis jamais. Mais il faut bien reconnaître que, sur un triangle de Karpman[80], ma place est systématiquement celle de victime. Comme toutes les victimes, je déteste l'idée d'être une victime. En matière de rapt comme pour les

79. Elle me vient, je crois, d'un coup de fil à SOS Amitiés en 1999. Merci pour ça.
80. Triangle dramatique à la base de l'analyse transactionnelle du psychologue Stephen Karpman qui figure une relation entre les trois personnages du schéma classique de manipulation : victime, persécuteur, sauveur.

violences sexuelles et sexistes, comme pour les affaires de racisme ou de manipulation… ceux qui revendiquent d'emblée le statut de victime sont les bourreaux. Ma génitrice, Noury, Mouloud, Yemma, Younous, mes tantes, mes oncles… tous, à un endroit de l'histoire et d'une manière ou d'une autre, se présentent comme des victimes. Et moi l'idée me révulse. Je déteste l'idée que je suis une victime, mais je déteste encore plus que notre société reconnaisse si mal les victimes, comme elle reconnaît si mal les anciens ou les personnes touchées par un handicap ; ou plutôt qu'elle les reconnaisse comme objets de compassion, comme pâture à pleurnicherie, livrée aux agents mortifères de l'émotion, le temps que dure l'émotion… *Ah ! la pauvre fille, quel destin, que c'est dur…* Mais qui pour s'investir sur le long terme ? Qui pour entendre – encore et encore – les violences subies ? Qui pour réparer ? Ma douleur n'a de valeur que spectaculaire, démonstrative, psychologiquement indispensable à un public en quête de rassurement anthropologique au spectacle du malheur des autres. Mais ce que je deviens, cela intéresse qui ? Mes amis proches, ma famille, mes psys parfois… tous me disent qu'il faut « tourner la page »… On tourne la page d'un divorce, d'une perte, d'un licenciement… mais comment tourne-t-on ma page à moi ? Bien sûr qu'elle est trop lourde. Alors il faut que je vive avec. Vivre quand même, vivre encore, même avec ce goût de mort.

Être reconnue dans la profondeur de ma douleur, voilà mon rêve. Sans doute cela passe-t-il par un témoignage durable et indélébile. Un livre. Cela passe aussi par la parole et l'écoute sur le long terme. Cela passe aussi par la considération de mon entourage. Je l'ai dit, c'est le plus dur. L'entourage des victimes, dans un délai plus ou moins bref suivant le traumatisme, finit toujours par minimiser la souffrance vécue par la victime. Toutes les victimes connaissent le moment terrible où leur cas, quand il a intéressé un instant, cesse de déclencher la sympathie pour provoquer l'ennui, l'indifférence ou l'hostilité. On a même inventé un terme pour expliquer cette attitude de repli, pour déculpabiliser les égoïstes : la victimisation, qui serait une sorte de position sociale de revendication de statut ou de dédommagements, en raison des traumatismes subis. On comprend le cynisme de l'institution qui pose ce diagnostic ; il dissimule son aveuglement, son incompétence ou, plus simplement, son intention de ne rien faire pour les victimes… qui devraient, on s'en doutait, « oublier et passer à autre chose ». Dans le cercle familial ou amical, il s'agit de cacher sa propre inaction, de refuser à la victime une reconnaissance qui lui conférera une place et des droits dans l'univers familial ou amical ; souvent il s'agit de masquer ses errements, ses fautes, et, dans ce cas, la condamnation de la victime peut même aller au-delà du simple refus de la considérer comme telle. On le comprend également, mais cela fait mal… Le personnage joué par Virginie Efira dans *Revoir Paris* se trouve un moment accusé d'un acte horrible[81]… par la coupable même de cet acte, qui opère ainsi une projection dans le but de se mentir à elle-même, enfouir son « crime » en en accusant une autre. Ma famille proche a toujours minimisé ce qui m'était arrivé, chacun déplaçant habilement ou moins habilement ses responsabilités sur l'autre, tous s'accordant sur l'idée que « bon, maintenant, faut passer à autre chose » et surtout que j'y avais ma part de responsabilité : la lettre, les confessions à la police, mon attitude insolente… J'ai entendu ces mots dans la bouche de ma tante : « Elle ne méritait pas ça, évidemment, mais bon… », un peu comme on aurait dit de Charb et Cabu : « Ils ne méritaient pas ça, évidemment, mais bon… »

81. Une autre femme présente lors de l'attentat l'accuse de s'être réfugiée dans les toilettes et d'avoir fermé la porte pour empêcher que d'autres s'y cachent. À la fin du film, elle confesse son « erreur » mais il reste l'ambiguïté de son niveau de conscience du déni, du transfert, et de l'accusation formulée.

Aux vacances de printemps de 2012, par exemple, chez ma sœur Rose, j'essaye de rompre ce silence. Je me suis fait prier pour venir, mais je suis là parce que ma sœur y est et que j'espère, sans y croire vraiment, qu'on m'y rendra un peu justice. Mouloud et Alice sont là, je les trouve très complices. Et soudain, ça sort de moi :

« Pourquoi depuis dix-sept ans que je suis rentrée, pas un de vous ne m'a accordé une demi-heure pour écouter ce que j'avais vécu ? Pourquoi personne ne m'a demandé où je vivais, si j'avais un toit, de quoi manger, si j'étais heureuse, battue, triste… si j'allais à l'école, si j'étais voilée, violée… Pourquoi personne ne m'aide ? Pourquoi je ne peux pas parler de mon malheur ? Ni avec vous ni même avec mon mec ? Mouloud, pourquoi dis-tu que je suis ta fille mais tu ne m'aides pas ? Et Alice, tu es ma tante, pourquoi as-tu toujours fermé les yeux ? Tu es venue au bled avec ton fils et ton mari ; je sais que tu avais peur que ton mari fasse subir le même sort à ton fils, tu me l'as dit toi-même, ça signifie donc que tu étais suffisamment capable d'imaginer ce que j'endurais ! »

Ils se sont resservi un verre et sont allés dans le jardin. Il y avait un barbecue. C'est la seule fois où j'ai pu leur dire en face un peu de leurs sales vérités.

Anaïs m'a plusieurs fois répété que « la base de [ma] reconstruction, c'est de [m']accorder à [moi]-même le statut de victime », de me le reconnaître pour pouvoir faire l'inventaire des dégâts. Elle a évidemment raison, et c'est ma responsabilité de mener ce travail. Mais avoir été absolument objectifiée tant d'années n'implique pas que ma reconstruction se limite à la reconnaissance sociale de mon statut de victime. Être victime ne sera qu'une part de mon identité, une part qui ne me constitue pas entièrement comme sujet. Je suis bien plus qu'une victime, je suis Marie-Claire.

19.
Ma lettre

Une femme libre, papa, tu voulais que je sois une femme libre. C'est même pour ça, me disais-tu, mélancolique et désabusé : « Je t'ai faite en France, avec une Française, au pays de la liberté. » Dans ma prison algérienne, tu m'encourageais à la mesure de tes petits moyens : « Évade-toi, pars, rentre et ne reviens jamais. » Je sais ta lâcheté, je te l'ai pardonnée. Laure, ta petite-fille – qui t'aime tant de si loin – me l'a dit un jour : tu as été, toi aussi, kidnappé par les tiens qui t'ont tout pris de ton vivant, même ton identité qui les gênait tant, tout comme moi… Nous avons eu les mêmes bourreaux, et la même prison.

Papa, tu me manques depuis ma naissance. J'ai reçu ton amour par-delà ton absence. De toi, j'ai parfois l'impression de n'avoir connu qu'une ombre, un fantôme. Il me vient, quand je regarde les dix photos jaunies de l'homme beau et musclé que tu étais, la tristesse incurable de n'avoir jamais connu l'homme que tu étais avant qu'elle ne te trahisse toi aussi, avant qu'ils ne te trahissent tous. Ta folie, papa chéri, c'est d'abord de leur avoir donné ta confiance et ton amour. Ils les ont piétinés, au nom de leur honneur infâme.

Papa, voilà que ta petite-fille – que tu n'as pas connue mais qui voulait entamer les démarches pour te faire venir en France, chez toi, avant que la mort ne t'enlève – voilà que ta petite-fille me demande : « Mais pourquoi ne pas lui écrire ? Et tant qu'on y est, pourquoi ne pas écrire aussi à Annie ? Les écrits, ça reste ! » Étrange, je n'y avais jamais pensé. C'était un risque, le risque de rouvrir des blessures de haine ou d'amour. Et puis je n'avais pas son adresse, ni la tienne et je ne voulais plus revoir les adultes de mon enfance, par peur de leur ressembler peut-être… Elle ? Je ne voulais plus ni la voir, ni l'entendre, ni y penser, alors lui écrire … et d'abord pourquoi ?

Mais « écrire n'est pas renouer », a dit Laure. Il fallait juste écrire pour lui déposer mon histoire en mots d'encre noire, ineffaçables. Tu avais raison, mon ange. Mais par où commencer ?

Monstrueux travail que d'écrire à celle qui m'a donné la vie par mégarde et la mort de sang-froid. Et voilà que mon co-auteur me suggère l'idée d'écrire une lettre à mes géniteurs pour clore notre récit. Même mon amie Marine, ma *sister*, s'y est mise : « Yesssss, j'adore l'idée ! »

La première question qui m'est venue est enfantine mais elle me taraude : comment as-tu fait, Annie, pour ne pas m'aimer même un tout petit peu ? Je t'ai aimée, moi, étais-je si repoussante ? si odieuse ? Comment résiste-t-on à l'amour de son enfant ? Quel drôle d'objet étais-je à tes yeux ? Que représentais-je ? Ton échec ? Ta haine du monde ? Ta bêtise et ton ignorance ? Moi, responsable de tes erreurs et malheurs ? J'ai beau me creuser la tête à essayer de te comprendre, je n'y parviens pas. Longtemps, j'ai voulu te chercher – et te trouver – ce que j'appelais (saleté de dissociation cognitive) des « circonstances de compréhension », et même j'en ai inventé par des détours abracadabrants : tu avais cherché à me protéger, peut-être même de toi, tu te sentais incapable, les autres t'empêchaient… ou bien la drogue, l'alcool, que sais-je encore ?

En réalité, je n'en ai trouvé aucune. Tu as épuisé mon être, mon âme, mon corps, même mon vocabulaire dans cette recherche ! Je l'accepte désormais, Annie : je ne sais pas qui tu es, je ne te connais pas, ni la femme ni la mère. Je ne sais pas ce que signifie être l'enfant de quelqu'un, j'ai si longtemps cru être celui du mal. C'est quoi, avoir une maman ? C'est quoi l'enfance ? Dans l'enfer que tu m'as fait vivre, j'ai longtemps cru que l'enfance, c'est être coupable d'exister et, pour cette existence même, mériter le supplice dont tu étais l'exécutante. Insultée, battue, noyée, étranglée, vendue au diable, niée, martyrisée, abandonnée, tuée plus sûrement que l'enfant de Sethe, dans le beau roman de Toni Morrison[82] qui raconte l'histoire du fantôme d'une enfant revenu hanter la maison de sa mère pour lui réclamer une explication. Je suis revenue moi aussi d'entre les morts pour te demander des comptes. Mais si je m'imagine avec douleur la tragédie que vit la mère de *Beloved* qui égorge son enfant pour rompre la chaîne de transmission de l'esclavage, je n'ai plus, à l'inverse, que mépris pour la bassesse des idées qui t'ont amenée à me vendre comme esclave aux égorgeurs.

Je sais bien que tu étais une enfant, je sais bien que tu ne savais rien ni de la vie ni de l'amour, je sais bien que la société exige des enfants, je sais bien qu'on peut regretter sa vie perdue parce qu'on n'a pas su dire non aux pressions du monde. Je sais bien… Mais alors pourquoi ne m'as-tu pas simplement déposée à la porte d'un foyer ou d'un hôpital ? Combien de fois même, contre ma volonté et ma nature, ai-je pensé qu'il eût mieux valu être jetée dans une poubelle ou laissée sur une plage déserte à

82. Toni Morrison, *Beloved*, 10/18, Domaine étranger, Prix Pulitzer 1987.

marée montante, comme dans le terrible film d'Alice Diop[83] que je viens de voir, plutôt que de me livrer à cette vie de ténèbres ?

La vérité est écrite ici dans ce livre où je dépose mes traumatismes, pour toujours. Elle m'a ressuscitée de la mort que tu m'as donnée quand même.

Comment décide-t-on d'organiser le rapt de son enfant, maman ?

La chaîne des questions interminables et imbriquées les unes dans les autres est sans fin. Il y a tellement à dire qu'il n'y a plus rien à dire. Face à ton déni, ton refus du dialogue, mon choix est de vivre dans la réalité, la vérité, ma liberté. À mon retour, tu as continué de mentir, minimiser, nier, tricher. Merci, maman araignée à la Louise Bourgeois, cela a de nouveau manqué me tuer mais, tu vois, cela m'a rendue plus forte. Longtemps j'ai refusé de pleurer, puis les larmes sont venues. Elles étaient de sang glacé. Elles ne m'ont pas libérée, alors j'ai cessé de pleurer. Toi et tes complices, vous avez fait de papa et moi vos souffre-douleur, mais j'ai cessé d'être votre objet, votre victime. Le sang de ma famille de sang a la couleur et l'odeur de celui que versent les assassins et les bourreaux. Voilà, Annie, ce que je sais. Vos violences ont l'errance pour centre de gravité. Je t'y laisse. Ni courage ni chance, ni même enfer ou rédemption, je ne te souhaite rien, Annie. Je ne sais pas qui tu es mais je m'en fous. Pour moi, tu es morte il y déjà plus de quarante ans. Je reste avec l'amour de papa.

Papa, je t'aime, repose en paix. Aujourd'hui, maman est morte, ou peut-être hier déjà...

---

83. *Saint-Omer*, Alice Diop, 2022.

Épilogue

Paris, 13 octobre 2022

Ciel morose et bruine légère. 7 heures du matin. « …le mal de vivre, qu'il faut bien vivre, vaille que vivre… » J'écoute Barbara pour échapper à Paris qui s'éveille à coups de klaxon et de moteurs ronflants. Devant moi, deux hommes s'agitent autour des tubulures d'un marché qui s'installe. Je recule. J'ai toujours peur qu'on me bouscule. En marchant vers le métro, j'évite les rigoles d'égouts et les balais des cafetiers. Rendez-vous à l'hôpital. Une petite opération de rien du tout, mais elle s'ajoute à l'automne et mon moral pourris.

Entre Chaussée-d'Antin et Place-Monge, Barbara me va bien à l'humeur. Je fais défiler mon dossier « Rapt » sur mon téléphone. J'y ai compilé plusieurs messages d'enfants en situation d'enlèvement dans le monde entier. Quand j'ai le spleen ou trop la mort dans la gorge, je fais défiler les messages et je finis par me dire que je peux encore être utile à ces oubliés du monde.

K. « Bonsoir, bravo pour votre association, moi c'est mon père qui m'a ramenée en Algérie pour soi-disant mon bien, j'avais 14 ans, j'en ai 52 aujourd'hui. Je regrette de ne pas avoir eu le courage de me battre. »

M. « Bonjour, je suis née en France, mon père nous a fait rentrer au Maroc pour des vacances en 1997, quelles sont les démarches pour obtenir la nationalité française et partir, s'il vous plaît ? »

N. « J'étais à la DDASS, ma mère biologique m'a kidnappée lors d'un droit de visite et elle m'a amenée en Algérie dans sa famille puis elle est rentrée en France. Elle n'a jamais été condamnée. Je veux rentrer. Comment faire ? »

R. « Moi je n'ai pas pu m'évader, je galère depuis plus de 30 ans, aujourd'hui j'ai trois enfants mais j'espère encore rentrer en France… »

F. « Ma sœur a été raptée […] elle est passée par des étapes monstrueuses […] elle est sdf en Égypte… »

Z. « Je viens de voir ton témoignage sur les réseaux, j'ai aussi été enlevée par ma génitrice à 10 ans. On a pris l'avion sans carte d'identité pour moi. Après quelques années, heureusement mon père m'a retrouvée et est venu me chercher. »

F. « J'ai vu ta vidéo, je suis éducatrice, j'ai connu des cas comme ça, il faut écrire un livre, je le partagerai partout… »

G. « Salut, j'ai été en… »

Place-Monge. C'est ma station. Cette fois, la lecture de tous ces messages n'a pas l'effet habituel chez moi. Immensité de la tâche ? Impuissance ? Temps trop long ? Solitude ?

Mon téléphone vibre. C'est Pearl. « J'ai réussi à aller à l'ambassade. Mon acte de naissance est arrivé. » Je lève les yeux au ciel d'émail blanc de la sortie 1 de la ligne 7 et je cherche l'air au fond de mes poumons. Je me souris : « Ce n'est qu'une étape, ma belle. Mais crois-moi, un jour tu monteras dans un avion pour Paris. Et je serai à l'aéroport à t'attendre. »

Postface

Il est souvent dit que l'enfant que nous avons été ne meurt jamais. Pour Marie-Claire, il me semble qu'il n'a jamais pu exister. La racine latine du mot « enfant » est en ce sens éclairante : « enfant » vient du latin « *infans* », signifiant « qui ne parle pas ». Dans la société contemporaine, la prise en compte de l'enfant en tant qu'individu titulaire de droits est relativement récente.

En droit romain, l'enfant n'existait pas comme un sujet de droit mais demeurait la propriété de son géniteur, le *pater familias*. Plus tard, dans l'ancien droit français, l'enfant était considéré sous l'unique prisme de la transmission du patrimoine familial. La succession familiale lui donnait des droits. Il a fallu attendre les XIXe et XXe siècles pour qu'un changement de paradigme s'opère, même si l'enfant était davantage envisagé comme objet d'éducation que comme sujet libre. Les dernières décennies marquent toutefois une mutation profonde dans la prise en compte de la nécessité de protéger l'enfant. Il devient un sujet de droit à part entière, titulaire de droits sociaux, économiques et culturels mais surtout doté d'une liberté. Une multitude de textes de nature et de portée différentes concernent les déplacements illicites d'enfants, mais ici seuls quelques-uns – les plus efficients - seront évoqués.

La Convention internationale des droits de l'enfant, adoptée le 20 novembre 1989 par l'Assemblée générale des Nations unies et ratifiée par cent quatre-vingt-seize pays, fait désormais partie des instruments juridiques majeurs. Ce texte vise à garantir à tout enfant sans exception le respect de ses droits et sa protection contre toute forme de discrimination et oblige les États parties non seulement à œuvrer mais surtout à prendre des mesures positives pour favoriser le respect de leurs droits. Au sens de cette convention, l'enfant est défini comme « tout être humain âgé de moins de dix-huit ans, sauf si la majorité est atteinte plus tôt » (art. 1), laissant ainsi de côté l'appréciation subjective selon laquelle l'enfant n'a pas le droit à la parole. Ainsi, la convention protège notamment le droit d'un enfant de connaître ses parents et d'être élevé par eux (art. 7) ; le droit de préserver son identité, y compris sa nationalité, son nom et ses relations familiales (art. 8) ; le droit de ne pas être séparé de ses parents contre son gré, sauf si cela est nécessaire dans l'intérêt supérieur de l'enfant (art. 9) et le droit pour l'enfant discernant d'exprimer librement son opinion sur toute question l'intéressant (art. 12). Mais surtout, la convention dispose en son article 11 que les États parties sont tenus de prendre les mesures pour lutter contre les déplacements et les non-retours illicites d'enfants à l'étranger et, à cette fin, de favoriser la conclusion d'accords bilatéraux ou multilatéraux ou l'adhésion aux accords existants. Au total, ce sont cent quatre-vingt-seize pays qui ont ratifié cette convention. Parmi eux, la France en 1990 et l'Algérie en 1993.

D'autres textes à visée internationale, communautaire ou nationale complètent l'arsenal juridique qui vise à promouvoir et protéger les droits des enfants.

La convention de La Haye du 25 octobre 1980, quant à elle, conclut sur les aspects civils de l'enlèvement international d'enfants. Cette convention tend à protéger les enfants des effets nuisibles du déplacement illicite et de la rétention au-delà des frontières internationales en prévoyant une procédure de retour immédiat et en garantissant la protection du droit de visite. Elle dispose notamment en son article 3 que « le déplacement ou le non-retour d'un enfant est considéré comme illicite : a) lorsqu'il a lieu en violation d'un droit de garde, attribué à une personne, une institution ou tout autre organisme, seul ou conjointement, par le droit de l'État dans lequel l'enfant avait sa résidence habituelle immédiatement avant son déplacement ou son non-retour ; et b) que ce droit était exercé de façon effective seul ou conjointement, au moment du déplacement ou du non-retour, ou l'eût été si de tels événements n'étaient survenus. Le droit de garde visé en a) peut notamment résulter d'une attribution de plein droit, d'une décision judiciaire ou administrative, ou d'un accord en vigueur selon le droit de cet État ». À ce jour, cent trois États, dont la France, sont parties à la convention dont l'entrée en vigueur a été fixée au 1er décembre 1983.

En parallèle, le nouveau règlement dit « Bruxelles II ter », relatif à la compétence, la reconnaissance et l'exécution des décisions en matière de question matrimoniale, de responsabilité parentale et d'enlèvement international d'enfants, est applicable à compter du 1er août 2022. Ce dernier insiste désormais sur la nécessaire célérité de la procédure (art. 24) puisqu'il est notamment prévu que les juridictions saisies doivent rendre leur décision dans un délai de six semaines, décision également basée sur la prise en compte de l'opinion de l'enfant. Ainsi, l'article 21 du règlement expose que les juridictions des États membres, conformément aux législations et procédures, doivent donner à l'enfant qui est capable de discernement une possibilité réelle et effective d'exprimer son opinion. Lorsque la juridiction donne à un enfant la possibilité d'exprimer son opinion, elle doit dûment prendre en compte l'opinion de l'enfant eu égard à son âge et à son degré de maturité.

Il existe également des conventions bilatérales, notamment la convention entre l'Algérie et la France relative aux enfants issus de couples mixtes franco-algériens séparés, créée à Alger le 21 juin 1988 et entrée en vigueur en France le 1er août 1988. Elle ne s'applique toutefois qu'aux enfants considérés comme légitimes, c'est-à-dire nés après le mariage conformément au droit algérien de la famille. Ces conventions bilatérales ont pour objet de favoriser la coopération judiciaire entre les pays dans le but d'assurer un retour immédiat.

En théorie, les dispositions internationales et communautaires doivent être transposées en droit français pour être applicables en France. Or, ces dispositions sont d'une importance telle que le juge français peut directement s'en saisir.

Aussi, des mécanismes internes, facilitant la mise en œuvre de ces instruments, sont à la disposition des requérants.

D'une part, il doit exister dans chaque pays signataire une autorité centrale chargée de satisfaire aux obligations qui sont imposées par la convention de La Haye (art. 6). En France, cette autorité est représentée par le Bureau du droit de l'Union, du droit international privé et de l'entraide civile, de la Direction des affaires civiles et du sceau (DACS) du ministère de la Justice. Elle peut être contactée par voie postale, téléphonique, fax ou courriel. La demande doit être accompagnée de plusieurs documents attestant de la situation et de l'existence de ce droit (jugement, acte d'état civil, attestation etc.). Saisie par le demandeur, la DACS peut accepter de prêter son assistance et transmettre la demande à l'État contractant requis pour qu'il statue sur le retour immédiat de l'enfant. Dans la pratique, c'est le titulaire du droit de garde qui peut saisir l'autorité centrale de l'État d'origine de l'enfant ou de refuge, donc le parent. Le recours à la DACS n'est pas obligatoire et le demandeur peut directement saisir les autorités judiciaires.

D'autre part, le procureur de la République saisi de la demande de retour immédiat met en œuvre tous les actes utiles en vue de la remise volontaire de l'enfant. Il a pour ce faire des pouvoirs d'investigation et doit communiquer certains éléments d'enquête à la DACS. Il peut également ordonner toute expertise ou tout examen qui lui semble nécessaire.

Enfin, le juge aux affaires familiales statue notamment sur les demandes d'interdiction de sortie de l'enfant du territoire français sans l'autorisation des parents et peut se mettre en lien avec le juge des enfants, en cas notamment de procédure d'assistance éducative.

En tout état de cause, quatre exceptions peuvent être opposées au retour immédiat de l'enfant. Premièrement, s'il s'est écoulé plus d'un an entre le déplacement de l'enfant et la saisine de juridiction, et que l'enfant s'est intégré à son nouveau milieu ; deuxièmement, en cas de non-exercice effectif du droit de garde, d'acquiescement ou de consentement au déplacement ou au non-retour, même postérieur ; troisièmement, s'il existe un risque grave que le retour ne place l'enfant dans une situation de danger physique ou psychique, ou ne le place dans une situation intolérable ; quatrièmement, en cas de refus opposé par l'enfant dont l'âge et le degré de maturité sont suffisants.

Un arsenal juridique donc. Un arsenal juridique réfléchi, mûri, amélioré, éprouvé mais pourtant pas tout-puissant.

Le témoignage de Marie-Claire est en ce sens édifiant. Comment une telle situation a-t-elle pu perdurer et se nécroser durant autant d'années ? Surtout, si l'on en revient à la racine du problème, comment en France, malgré de multiples scènes de maltraitances pourtant connues de tous, cet homme est parvenu à quitter le territoire en compagnie d'une enfant mineure sur laquelle il n'avait aucune autorité légale ? C'est à ce titre que l'histoire de Marie-Claire interroge fortement cette notion d'« autorité ».

« J'appartiens à tout le monde, sauf à moi-même », souligne Marie-Claire.

À partir de quel âge l'avis d'un enfant doit-il être pris en compte ? Pourquoi, alors même que Marie-Claire verbalise sa condition et la situation d'extrême danger dans laquelle elle se trouve, n'est-elle pas écoutée ? Il est certain que son histoire témoigne d'une violente négation de sa condition d'être titulaire de droit. Si les conventions susmentionnées ont pour objet de redonner une parole réelle et effective aux enfants (cf. art. 21 du r*èglement Bruxelles* II ter), il n'en demeure pas moins que la tendance reste à la méfiance, puisque la parole de l'enfant peut être instrumentalisée.

Une lecture plus symbolique de ces textes juridiques permet de mettre en lumière un constat : le demandeur qui saisit la DACS est le titulaire du droit de garde, c'est donc le responsable légal. La question de la preuve de l'intégration de l'enfant dans l'État refuge revient au parent qui a déplacé l'enfant et les modalités de l'audition de l'enfant et de la prise en compte de son opinion restent à l'appréciation des États. Plus encore, l'analyse des cas d'exceptions au retour de l'enfant est souvent vue sous le prisme du parent et non de l'enfant. Dans ces conditions, il apparaît légitime de s'interroger sur la réelle place du mineur.

Par ailleurs, quels sont les recours pour l'enfant lorsque les parents sont défaillants ? En droit, et de manière générale, la participation de l'enfant dans les décisions qui le concernent est subordonnée à sa faculté de discernement, son âge ou son degré de maturité. Or, ces notions ne sont pas définies et laissent une marge d'appréciation subjective aux États membres. En réalité, ce problème bien plus profond questionne la perception de l'enfant dans nos sociétés, question d'autant plus épineuse qu'elle est à géométrie variable en fonction des pays et dépend du contexte sociétal. Ces différences d'appréciation créent des situations disparates, sources de discrimination et d'insécurité juridique. Aussi, l'efficacité d'une coopération judiciaire peut être mise à mal voire réduite à néant.

Dans l'histoire de Marie-Claire, ceci est flagrant. Alors qu'elle est emmenée en Algérie durant l'été 1985, un accord de coopération et d'entraide judiciaire entre la France et l'Algérie est en vigueur depuis le 1er octobre 1980. Aux termes de cet accord « les ministères de la Justice se prêtent mutuellement entraide pour la recherche sur leur territoire et la localisation des enfants dont le droit de garde est contesté ou méconnu. Ils satisfont aux demandes de renseignements concernant la situation matérielle et morale de ces enfants. Ils se prêtent mutuellement leur concours pour obtenir la remise volontaire de ces enfants par voie de conciliation ». L'enfant et sa situation morale semblent ici au cœur des préoccupations des deux pays. Pourtant, l'épisode de sa rencontre avec le Premier ministre français de l'époque, qui lui demande si elle souhaite rentrer en France en présence de ses bourreaux, est désarmant.

En réalité, et comme le souligne Marie-Claire dans son récit, le combat n'est pas à armes égales. Elle n'est qu'une enfant, puis qu'une adolescente, puis qu'une femme dans une société patriarcale. En théorie, sa condition d'enfant puis de femme ne devrait pas être problématique puisqu'elle dispose, comme tout un chacun, de droits. En pratique, l'effectivité de ces droits est ébranlée. En réalité, elle est vulnérable et à la merci de ces bourreaux. Rien n'est fait administrativement ni judiciairement pour lui faciliter la tâche, et il est aisé d'imaginer les difficultés qu'ont ces enfants à faire valoir leurs droits, si tant est qu'ils les connaissent !

De plus, la question de la formation des acteurs professionnels est importante. Psychologues, médecins, magistrats, avocats, enquêteurs, éducateurs, assistants sociaux, enseignants, tous doivent être formés. Même si la tendance à la spécialisation des magistrats chargés de ces problématiques est à saluer, la mise en place d'un cadre adéquat pour le recueil de la parole de l'enfant à tous les stades de la procédure est une urgence. D'autant plus au regard du conflit de loyauté qui se joue chez l'enfant. Pour cela, une approche pluridisciplinaire doit être adoptée et bien évidemment, en parallèle, des moyens matériels et humains doivent être octroyés. Ces formations permettraient nécessairement d'atténuer le risque d'instrumentalisation de la parole de l'enfant.

Dans tous les cas, pour Marie-Claire et pour tous les enfants victimes d'enlèvement parental et de déracinement, il est primordial d'inclure dans la notion d'intérêt supérieur de l'enfant l'idée que « personne ne peut vraiment parler pour les enfants raptés, personne d'autre qu'eux-mêmes et le chemin est si long pour libérer cette parole-là ».

Maître Anaïs BIEHLER

Table des matières

Achevé d'imprimer en janvier 2023
sur les presses de la Nouvelle Imprimerie Laballery
58500 Clamecy
Dépôt légal : février 2023
Numéro d'impression : 301573

Imprimé en France

La Nouvelle Imprimerie Laballery est titulaire de la marque Imprim'Vert®